イラストBOOK
たのしい保育

「音」からひろがる子どもの世界

吉永早苗／著

ぎょうせい

はじめに

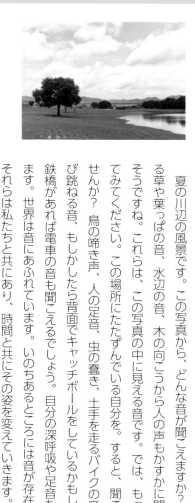

夏の川辺の風景です。この写真から、どんな音が聞こえますか？　風に揺れる草や葉っぱの音、水辺の音、木の向こうから人の声もかすかに聞こえてきそうですね。これらは、この写真の中に見える音です。では、もっと想像してみてください。この場所にたたずんでいる自分を。すると、聞こえてきませんか？　鳥の啼き声、人の足音、虫の蠢き、土手を走るバイクの音、魚が飛び跳ねる音、もしかしたら背面でキャッチボールをしているかもしれないし、鉄橋があれば電車の音も聞こえるでしょう。自分の深呼吸や足音も耳に届きます。世界は音にあふれています。いのちあるところには音が存在していて、それらは私たちと共にあり、時間と共にその姿を変えていきます。

そんな世界を、子どもはどんなふうに聞いているのでしょうか。きっと、この紫陽花の中に今にも入り込みそうな女の子のように（実際に潜り込んで蜘蛛の巣だらけになったそうです）、好奇心にあふれた耳で、環境と対話しているに違いありません。本書では、子どもがどんなふうに音を聞き、それがどのように表現につながっていくのか、表現する自分の音をどのようにとらえ、新たな表現を創り出していくのかといった「『音』からひろがる子どもの世界」について皆さまと共に考えます。

もくじ

STEP 2 保育の工夫で「音感受」を豊かにのばそう

STEP 3

学び続ける保育者
——子どもとともに、保護者とともに、保育者同士の学び合い

コケコッコー

STEP

1

子どもの「音」世界に耳を澄ましてみよう

「かしゃっ、かしゃっ」と「すぅぅ、すぅぅ」。三歳の女の子が表現した二種類のはさみの音です。はさみの形、動き、紙片の形が見えませんか？ 本章では、子どもが聴いている「音」の世界の実際を探検してみましょう。

1 「音」からアプローチする子どもの育ち

1 音を見たことはありますか?

「音は耳で聞くもの。目で見るなんて!」と思われたかもしれません。確かにそうですね。葉っぱを揺らす風の音も、鈴虫の羽音も、音そのものは目に見えるわけではありません。私たちが見ているのは、音の現象ですね。

では、続けて質問します。そのとき、さわさわという音が聞こえることで、風が揺らす葉っぱの存在に気づくのでしょうか? それとも風に揺れる葉っぱを見て、音に気づくのでしょうか。「ニワトリが先か、タマゴが先か」のような問いになってしまいましたが、「耳が先か、目が先か」という問いには、「どちらもある」という回答が正解です。

遠くに聞こえる救急車のサイレン、眠い朝にけたたましく鳴る目覚まし、背後に聞こえる足音……。見えなくても聞こえる音、音によってものの存在は意識され、音は、目をつむっていても聞こえてきます。私たちの耳は、二四時間、全方向にわたり、外に開かれています。それは環境に対するとても敏感なセンサーなのですが、「聞かないようにする」という脳の指令にも忠実なので、不要だと認識した音に対しては、たとえ近くで鳴っていても、私たちは無意識でいることができるのです。確かに、二四時間三六〇度の音を拾っていては、そのストレスはたまりませんね。一方、そうした機能のために、身のまわりには、「聴こうと意識しないと聞こえない音」がたくさんあるわけです。

前頁で、音そのものが見えるわけではなく、私たちが見ているのは音の現象だと書きました。しかし、ある幼稚園で、音の軌跡を追いかける三歳児に出会ったことがあります。

トーンチャイムという楽器をご存じで

しょうか。筒状の金属を振ると、付属しているハンマーが筒を刺激して、柔らかな美しい音を響かせる楽器です。その筒からは一つの音高しか鳴りませんので、複数人で協力して曲を奏でます。幼稚園の自由遊びの時間、輪になって、そのトーンチャイムを用いた音送りの遊びをしました。音送りの遊びとは、音を順に鳴らしていくルールなのですが、音を送る相手は隣の人とは限りません。誰かに向かって音を鳴らし、音を受け取ったと感じた人が次の人に音を送ります。遊戯室に集まった三～五歳児は、まるでテニスのラリーが続くように、柔らかな音には柔らかな音で、突然のスマッシュには素早い反応で、音送りのコミュニケーションを楽しんでいました。

そんな中、五歳の女児がポーンと向かい側の三歳児に送った音。その動きは、確かに宙に音が打ち上げられたかのように見えたのですが、音を送られたはずの三歳男児はトーンチャイムを鳴らそうとはせずに、宙を見上げ、その見えない音の玉を見送るかのように首を回したのです。

この本では、こうした子どもの『音感受(おとかんじゅ)』の様子、音に遊び、音を遊ぶ子どもの世界をご紹介します。事例に重なる保育の中の子どもの姿を思い浮かべて、読み進んでください。「明日は、こんな音遊びをしてみよう」「こんなふうに声をかけてみようかな」と感じていただければ幸いです。

2 『音感受』とは

話を進めるにあたり、まず、『音感受』という言葉について解説しておきます。この言葉は、吉永・無藤(二〇一三)[1]による造語で、子どもが、身のまわりの音や人の声、音楽からその印象を感じ、共鳴し、感情が起こり、さまざまな連想を引き起こす行為のことを意味します。

「聴く」ということについて、日本の有名な作曲家の武満徹[2]は、「私たち（人間）の耳の感受性は衰え、また、怠惰になってしまっている」と問題提起しています。また、「幼児は多くの音を聞いていても耳を澄ませて聴いていない」「聴くことに向かおうとする姿勢が失われ、身のまわりの音への気づきも少なくなっている」など、子どもの耳の感受性の低下に警鐘を鳴らす幼児音楽研究者も少なくありません。二〇年くらい前のことですが、「散歩に出かけて、虫の鳴き声には全く関心を寄せない子どもが、〝ピッピッ〟と鳴る電子音には敏感に反応するんですよ」と保育者から伺ったこともあります。外出していても室内にいても、イヤフォンから好きな音楽を聴き、自分だけの音の世界に生きている大人も少なくありませんね。「聴く」ことよりも、身のまわりの音を「聞かないようにする」ことを、現代人は習慣化しているような気もします。

一方、生活の中での子どもの姿を見ていると、私たちが見逃しているような音に足を止め、それに聴き入り、何かしら不思議を発見したり考えたりしている姿を目にすることがあります。

幼い息子と、小川の流れる公園を散歩していたときのことです。くねくねと流れる川辺をあっちに行ったりこっちに来たり、全く先に進もうとしません。「何やってるの？ 先に行くわよ」という私に、「あっちとこっち、音が違うんだよ」と言います。「そりゃそうよ、水の流れの速さが違うんだから！」と声に出した途端、自分の発した言葉の愚かさにビクッとしました。子どもと同じ目線に腰をかがめ、「どうして音が違うのかな？」と問い直しをしなかったのかと。「音環境」や「サウンド・エデュケーション」について授業で学生に説いているにもかかわらず、公園を流れる小川の水音を、私の「耳」はとらえてはいなかったのです。

子どもは遊びや生活の中で、身のまわりの音を通して何かに気づいたり、自分のつくり出す音を楽しんだりしているのではないか。気づいていないのは子どもではなく、むしろ大人の方かもしれませんね。子どもの声に耳を傾けること、たたずむ子どもの見つめる先に目を向けることは、今、目の前に起きている事実に向き合うことなのです。

2 子どもの音感受の実際

1 このエピソードにタイトルをつけるとしたら？

1歳のこうちゃんが草の上にずっと一人ですわっている
写真を撮ろうとカメラを向けても動かない
なにを考えているのかなと
こうちゃんのとなりに
こうちゃんになったつもりで座ってみた

そうしたら聞こえてきたのです
みつばちの羽音が
こうちゃんはまるでみつばちとおはなしをしているようでした。

カメラを向けても動かないこうちゃん。すぐに声をかけるのではなく、まず、「何を考え

ているのかな？」と思いを寄せ、そして、こうちゃんと同じ世界を見ようとする保育者。

幼い子どもとの日常にありそうな、何気ない風景です。このとき、子どもがじっとしていることにも、もしかしたらぼんやりしているように見えることにも、実は意味があって「何を考えているのかな？」と考える保育者には、こうちゃんの「音感受」の世界が見えました。ミツバチの「羽音」。それは、生活音の背景に埋もれている微かな音ですね。

このエピソードのタイトル、皆さんはどのように考えたでしょうか？「ミツバチの羽音」「ミツバチを見つめるこうちゃん」「こうちゃんの音感受」……さまざまに考えられそうです。実は、このエピソードを届けてくださった安井素子さんは、「こうちゃんになってみる」と書いておられました。

「こうちゃんになってみる！」子どもの傍にいて、子どもの視線の先にあるものを追うことで聞こえてきた音。身のまわりの環境を「幼子（おさなご）の耳」で探索すると、見慣れた風景の中に新しい発見がありそうです。

2 擬音表現に表れる子どもの音感受の世界

ミニカーを持って遊ぶ二歳のIくんは、「どいーじゃー、どいーじゃー」と声に出しています。彼が持っているミニカーは何だと思いますか？　それは、ショベルカー。耳を澄ませると、窓の外の護岸工事で働くショベルカーが、「どいーじゃー、どいーじゃー」と音を発していました。このIくんが救急車を持って動かしているときの声を聞いてみると、「ピーポー、ピーポー、ピーポロー、ピーポロー」と、ドップラー効果による音高の変化が見事に表現されていました。車であれば「ブーブー」、救急車は「ピーポー、ピーポー」と、ステレオタイプの擬音語を口にしていませんか？　子どもの擬音表現に耳を傾けると、聞こえてくる音に忠実な、新しい言葉に出会うかもしれません。

三歳のMちゃん。「ギザギザはさみ」と「チョキチョキはさみ」を使いながら、「音が違う！」とつぶやいていたそうです。その翌日にお母さんからお話を伺った私は、「どのように音が違うのか」、Mちゃんに尋ねてみてほしいとお願いしました。すると、「〝かしゃっ、かしゃっ〟と〝すぅぅ、すぅぅ〟だよ」と、即座に答えたそうです。なんと正確な擬音でしょう。その擬音からは、はさみの切れ味、紙片の形、そしてMちゃんの真剣な眼差しまでもが想像できます。Mちゃんが翌日まで覚えていること、そしてその擬音の的確さにお母さんも驚いたそうです。そして、何度も繰り返しはさみを使っていたのは、はさみの音の違いを面白がっていたのだなあと気づいたとのことです。

一般に、はさみを使う音は「チョキチョキ」、車は「ブーブー」、犬は「ワンワン」と表現されますね。本書では、それらを「擬音語」、そして、音を忠実に表している表現を「擬音」と区別しています。動物やモノなどを意味する言葉として、私たちは子どもと共に擬音語を使用します。一方擬音は、音を注意深く聴き、感じた自分なりの音の表現です。子どもの表現する擬音から、今、そこで、何を感受しているのかが見えてきます。子どものこうした内面を受け止めることを通して、大人の音感受も、ピカピカによみがえるのではないでしょうか。

3　音の連想

一五年間ほど、年に一〇回保育園に伺って、三歳、四歳、五歳のそれぞれのクラスで音楽あそびをしていました。あるとき、五歳児の部屋に『やまのおんがくか』（ドイツ民謡・作詞：水田詩仙）の壁面装飾があったので、子どもたちと輪になって一緒に歌ってみました。子どもたちは、登場する「りす」「ことり」「たぬき」「うさぎ」とその楽器、楽器演奏の擬音語を、順番を間違えることなく正確に歌っています。繰り返し歌うことを楽しみ、歌の内容を形にも表し、歌に親しんできたのだなあと思いました。

その日、子どもたちに、「山には、他にどんな動物がいるかな？　その動物には、どんな楽器が似合うかな？」と、問いかけてみました。

「おさるさんが、シンバル。音は、ジャンジャン！」最初に出てきたのは猿でした。でも、声に出して歌ってみると、「シンバルのジャンジャンジャンはうるさいからダメ！」ということで却下され、次に出てきたのが、「ぞうさん。象がラッパで、パオーン！」。でも、象は山の音楽家かな？　と疑問が出て、「象がいるのは動物園」という結末に。

続いて、イノシシ登場。「ドシン、ドシンと歩くから大太鼓！」。ドシンドシンドシンと歌う部分では、全員がイノシシになりきって足を踏み鳴らします。この後、「歌を歌う動物がいいな」との発言があり、「歌うのは鳥」「山にいる鳥は……キツツキ！」という連想でキツツキに決定。そこで、「ココココツンコツン、ココココツンコツン」と歌ってみると、「違う、違う、歌う感じじゃない！」「カスタネットだよね！」と、キツツキに合う楽器は、カスタネットになりました。

このやりとりから、子どもが、動物の特徴を思い浮かべ、そのイメージに合う擬音を想像し、その擬音を表現するのに相応しい楽器の音を探していることがわかります。その場には、図鑑も楽器もなかったのですが、それまでの経験から得た知識と知識を組み合わせ、連想し、意見を出し合いながら表現することを楽しみました。

子どもが音や声、音楽を聴いて何を感じ、何に気づき、どんな感情を抱いているのかという音感受の世界。音感受から、子どもがどのようにイメージを広げ、表現のアイディアを見出しているのかなど、そのプロセスにおける子どもの内面に関心を寄せることは、「音」を通しての子ども理解にほかなりません。

本書では、絵本の中に聴こえる「音」、絵本の中にひろがる「音感受」の世界について、安井素子先生に絵本の選書をお願いしました。次頁以降の三箇所に、『擬音を楽しむ絵本』『雨の絵本』『絵本とともに』をテーマに、13冊を紹介していただいております。どうぞ、心の中に、それぞれの音感受の風景を描いてみてください。

Column

擬音を楽しむ絵本

絵本紹介：安井素子

おいしい おと

三宮 麻由子〔ぶん〕／ふくしま あきえ〔え〕、福音館書店、2008年

この本を初めて手にしたとき、春巻きを食べる音が「カコッ ホッ カル カル カル カル カル」って、まさかそんなふうには聞こえないだろうと思っていました。しかし、作者の三宮麻由子さんのお話を聞く機会があったときに「わたしは目が見えません。でもハンディだと思っていません。シーンレスなだけで、様々な音を聞き分けることができます」と言われ、自分の音を感じる力の乏しさにがっかりしたことがありました。その後、１歳児クラスで自分も音を確かめるように読んでみました。そうしたら、子どもたちがじっと私の口元を見ます。一生懸命“おと”を聞いているようです。そして、その音はとても“おいしいおと”に聞こえてきました。そう思って読むと、読むたびに楽しい気持ちになれます。子どもたちが感じたり、聞こえたりしているものに敏感でいたいとあらためて思った１冊です。

もこ もこもこ

たにかわ しゅんたろう〔さく〕／もとなが さだまさ〔え〕、文研出版、1977年

擬音と不思議な形の絵だけで構成された絵本です。子どもたちに“もこ もこもこ”を読んだあと、「ちょっと床に寝てみようか？」と声をかけて「もこ！」と言ってみたことがあります。そうしたら、やっちゃんがおしりをちょっと持ち上げて「もこっ」って動き出しました。それを見た他の子どもたちも、楽しくなってみんなで表現あそびが始まったことがあります。子どもたちが考えた動きはおもしろくて、わたしの方が楽しくなってしまいました。遊戯室から保育室に戻るとき、全員で「ふんわ ふんわ」と飛ぶように歩いていきました。子どもたちの自由な表現は、毎日生活している保育園の何気ない時間の中に自然に生まれてきます。それを一緒に楽しめる保育者のまなざしがあることでどんどん広がっていくのです。

Column 擬音を楽しむ絵本

絵本紹介：安井素子

よるの ようちえん

谷川 俊太郎〔ぶん〕／中辻 悦子〔え・しゃしん〕、福音館書店、1998年

夜になるとようちえんに不思議ないきものたちが現れます。そっとさん、すっとさん、さっとさん、もっとさん……。不思議なのは生き物だけではなくて、谷川俊太郎さんから生み出される不思議な言葉。“こぺらけぺら”“もなみなみねむ”。言葉にリズムがあるって楽しい。飛ぶように歩く子どもたちの体にはリズムをきざむ、楽器が入っているのではないかと思うことがあります。絵本の中のフレーズが気に入って「さよよんならららーん」と飛ぶように帰っていった、りえちゃんの姿を思い出します。不思議なのだけれど「この絵本、りえちゃんが好きだったな」と思うと、クラスのそのときの保育室の様子、園庭のメタセコイヤの木や流れていた空気まで思い出します。絵本があるって保育者にとっても意味があると思います。

かさ さしてあげるね

はせがわ せつこ〔ぶん〕／にしまき かやこ〔え〕、福音館書店、1998年

いろんなどうぶつの背中に雨がふります。ぞうさんの背中は“ピッチャン パッチャン”、きりんさんの背中は“ピロリン ポロリン”、ありさんの背中は“ピピ ポポ”。0歳の子も、この絵本を読むとじっと聞いています。どうぶつにあたる雨の音でもなく、傘にあたる雨の音でもない。でも雨を感じる言葉たち。繰り返しのある言葉は、小さな子どもたちにとっては魅力的。なにより、ぬれているどうぶつたちに「かさ さして あげるね」という優しさが静かに伝わります。かさが大きくなったり、長くなったり、小さくなったりしても子どもたちはすんなり受け入れる。保育者の言葉に思わず耳を傾けたくなる。そんなフレーズがある絵本があかちゃん絵本にはたくさんあります。その耳を傾ける時間がとても大事だと思っています。

4 響きの異なる場における子どもの遊び

都内の幼稚園にお邪魔したとき、園舎内を見学して歩きながら、その音空間の多様性を感じました。そこで園長先生にお願いして、秋と冬の二回、響きがずいぶん違うなあと感じた三か所（広い玄関ホール、玄関横の階段下の隠れ家的スペース、そして園庭と保育室をつなぐテラス）にビデオを設置して、朝の九〇分間、子どもの遊びの様子を録画させていただきました。その録画から、音を発生させる行為として、「足元の動き」「声」「モノを使った行為」の三つが抽出できました。そこで、観察場所の三か所のそれぞれについて、前述の三つの視点から、子どもの具体的な動きの特徴を書き出してみました。

ホールは、音が最も大きく響き広がり、残響が大きくて響きに包まれる空間です。そこでは、踊るような動きが生まれたり、大げさな動きで大きな音を立てたり、わざと積み木を崩して大きな音を出して喜ぶ、ビーズをばら撒いて音の広がりを楽しむといった遊びがありました。積み木を叩き合わせて知っている曲のリズムを表現し、その横で指揮者のような振りをする姿も見られました。ホールでの声の表現は他の観察箇所よりも多様で、感嘆詞の「アー」や「オー」、弾んだ気持ちの「ラララー」、動作の勢いを示すような「ウォアー」や「ガアー」など語尾を長く伸ばす発声、あるいは一音一音にはっきりとアクセントをつけたような発声が多く見られました。ホールの開放的で響きがよく、「音に包まれる」ような空間であることが、これらの行為を引き出しているように思われます。

階段下の隠れ家的スペースは、カーペットが敷いてあり、残響はほとんどなく、音がストレートに相手に伝わるような空間です。歩いても足音がほとんど聞こえませんので、足元の特徴的な動きはありませんでした。声に関しては、静かに会話する少人数のグループの他に、数人の男児がフラミンゴに扮した戦いごっこをしていました。彼らは、「キャオー」という音声しか発しないのですが、襲いかかるキャオー、やられたというキャオー、やり返すキャオー、エネルギーが切れかけたようなキャオーなど、「キャオー」の音声に感情や意図を込め、お互いにそれを読み取って遊んでいます。

また、モノを使った音は最も多様に見られ、聴こえる音は小さくても、素材の音色を確かめるように音を出していました。さらに、ラップの芯であちこち叩いて音を出した後、それを耳に当ててホールの音を聴き、「ほらほら、聞いてみて。感じが変わるでしょう」と、観察者の私に話しかける男児もいました。ホールの賑やかな音が緩和され、音声のニュアンスや音の変化、微細な音を聴き取ることのできる音響環境であるため、このような遊びが行われていると考えられます。

テラスは、残響の減衰の仕方が最も緩やかで、一旦収まった響きが、その後も小さく反復され、音がはね返ってくるように聞こえる空間でした。そこでは、つま先で歩く、強弱をつけて歩く、リズミカルに跳ねる、蹴り上げて走る、グースステップのような動きなど、足元の動きが最も多様でした。床板の隙間のあそびがつくり出す弾性によって、自分の足の動きがそのまま音として響きます。自分の動きと床がつくり出す、多様な音やリズムを楽しんでいるように見えました。長いテラスの移動の途中で動きが変化するのも特徴的でした。動くことによって音の変化を楽しんでいるというよりも、音の変化を楽しむためにテラスを移動し

ているのかもしれませんね。

声の様子は、動きに合わせて擬音を発したり、会話がリズミカルに変化したり、抑揚が大きくなったり、歌ったりすることもありました。足元の動きとそれに伴う音に合わせて、リズミカルになったり抑揚が大きくなったりしているようです。手拍子しながら歩いたり、牛乳パックで作った電車を床に走らせて音を立てたり、ビニールのスカートをパシャパシャと聞こえてくるリズムに合わせて叩いたりするなど、モノを使った音も、足元の動きとそれに伴う音に関連していました。

子どもたちは、遊びながら自分のつくり出す音や声を感受し、その感受がさらに次の行為・表現につながっていることがわかりました。

5 一〇種類の「ハイ」を聞き分ける

保育所保育指針の乳児保育における社会的発達に関する視点「身近な人と気持ちが通じ合う」の中に、「保育士等による語りかけや歌いかけ、発声や喃語等への応答を通じて、言葉の理解や発語の意欲が育つ」とあります。乳児は、語りかけや歌いかけの音声の抑揚と相手の表情から、思いが受け止められる喜びや安心感、心地よさなどの感情を抱き、その表現を獲得していきます。

抑揚に現れる感情について、ルソー[3]は、「抑揚は話の生命である。それは話に感情と真実味をあたえる。抑揚は、ことばよりもいつわることが少ない」と『エミール』の中で述べています。また、ダーウィン[4]は、「赤ちゃんが養育者の感情の動きを理解する際には、その声のイントネーションが手がかりのひとつになっているのではないか」と指摘しています。近年では、言葉の意味内容を聴き取ることのできないように加工した音声素材であっても、そのイントネーションによって、子どもには感情の動きがよく伝わるという報告もあります。

このように、言葉の抑揚には感情が表れ、それは相手にも伝わるとい

うことについて、皆さんも、経験の中でなんとなく気づいておられるのではないでしょうか。例えば、「ハイ」。保育のさまざまな場面で使いませんか？ そのときの声の様子を、思い出してみてください。

明るい返事の「ハイ」、緊張した感じの「ハイ」、聞き返す感じの「ハイ」（語尾が上がりますね）、「みんな、こっちを向いて」と注意を喚起する呼びかけの「ハ～イ」、急ぎなさいという意図を込めた「ハイッ」……。私は、さまざまな感情や意図を表現した一〇種類の「ハイ」（次頁の囲み参照）を作成し、三歳から五歳の子どもたちに聞いてもらい、どんなときの「ハイ」だと思うかを回答してもらいました。

子どもは、それぞれの音声の表情から、その場に繰り広げられている会話のやりとりの情景を想像し、話してくれました。例えば、短い「ハイ」（下線を引いた六種類）に対しては、〈⑦話題の転換〉の「ハイ」がわかりづらかったほかは、「よい返事」「わかんない感じ、なになに？って感じ」「機嫌が悪い」「急ぎなさい」「緊張している」など、それぞれの音声情報の違いを明確に読み取っていました。また、〈①明るい返事〉の内容について、「先生に呼ばれて手を挙げる感じ」「小学生が手を挙げた感じ」とか、〈⑨緊張した返事〉の「ハイ」には「部屋で検診をしている」、〈⑥嫌々・渋々な感じ〉の「はーい」には「お兄ちゃんが勉強してって言われて」、〈⑩やれやれどうしたのという感じ〉で発声した「はぁ～い」に対しては、「お腹がすいたのでお母さんにパンを作ってくれるように頼んだときに面倒そうに言われた」というように、情景と音声を関連づけた回答が年齢（語彙の獲得）とともに増えました。子どもたちは、日常生活において、話者の言葉の内容だけでなく、音声に込められた表情とそのニュアンスをも、しっかりと感受しているのですね。

さらに、〈⑤注意を喚起させる感じ〉の「ハ～イ」に対しては、「みんなが楽しい気持ちになって元気が湧いてくる」「やりたいことをお母さんがやらせてくれてうれしい」など、自分自身の内面の喜びが伝えられたり、〈⑧急かせる感じ〉の「ハイッ」に対して「好きな人に呼ばれてドキドキ」と教えてくれたり、それを生み出した子どもの内面がどのようなものであるか、想像もしていなかったほどに豊かなものでした。あらためてその音声を聴き直してみると、たしかにそのようにも聴こえ

さまざまな感情や意図を表現した10種類の「ハイ」

① 明るい返事
② 聞き返す感じ
③ わかったわかったという感じ
④ どうでもいい感じ
⑤ 注意を喚起させる感じ
⑥ 嫌々・渋々な感じ
⑦ 話題の転換
⑧ 急かせる感じ
⑨ 緊張した返事
⑩ やれやれどうしたのという感じ

ることに、私自身驚きました。

さらに、後半の三つの「ハイ」から、「お家が壊れてパパが直そうとして頭ゴッツンして死んだって嘘ついて」「救急車で病院行って目つぶったまま〝ワアッ〟て起きたらお医者さんがびっくりして隠れて」「ママが声かけて〝はあい〟」と、一つの物語の中に入り込む四歳女児もいました。

6 言葉の意味か抑揚か

言語内容と感情表現の矛盾した短文に対する幼児の音声判断

「今日のかけっこで、一等賞でした。」

これは、言語内容としては嬉しい文章です。しかし、この文章を悲しそうに、あるいは怒りを込めて表現した場合、子どもはそれをどのように判断するでしょうか。

会話における子どもの感情理解に関する研究が、海外の論文にありました[5]。その調査では、言語内容と感情表現に矛盾のあるちぐはぐな発話の場合、一一歳〜一九歳は、話者の気分を感情表現から判断し、八歳以下の子どもは発話の意味内容によって話者の気分を判

幼児の音声判断に用いた８種類の文章

●三つの嬉しい言語内容
「ママが私におやつをくれました。」

「今日のかけっこで、一等賞でした。」

「上手に絵が描けたね。」

●三つの悲しい言語内容
「大切にしていたおもちゃが壊れてしまいました。」

「お腹が痛くて、遠足に行くことができません。」

「散歩の途中で道に迷ってしまいました。」

●怒った意味合いを含む二つの文章
「早くお風呂に入りなさい。何度言ったらわかるの！」

「一人で行っちゃダメって言ったでしょ！」


断、九～一〇歳は、両方に分かれるということが報告されていました。その内容を読んだとき、「ハイ」の音声判断にとても豊かな表現で回答した日本の子どもは、言語内容を優先するのかそれとも感情表現を回答するのか、調べてみようと思いました。

用意したのは、上の囲みの八つの言語内容です。それらを、一致した感情と、矛盾した二つの感情の三種類で発声し、合計二四種類の音声を、六〇人の子ども（三歳から五歳まで一〇人ずつ、二園で実施）に協力してもらい、回答を得ました。

すると、A園では五歳から、B園は四歳から、言語内容ではなく、どのような感情表現で話されたかを優先するという結果になりました。海外の調査とは、感情表現を優先する年齢に大きな差があることに驚きました。なお、A園では、三歳は感情表現、四歳は言語内容、五歳で感情表現と変化していました。四歳の時期に言語内容に変化しているのは、言葉への関心が影響しているのかもしれません。また、五歳になると、意味内容も把握したうえで、感情表現で判断している回答もありました。例えば、「上手に絵が描けたね」や「かけっこで、一等賞でした」という「嬉しい」言語内容を悲しそうに表現した矛盾音声に対し、「嬉しくて感動して泣いている」、あるいは、怒った声の「おやつをくれました」に対し、「怒って言っているけれど、おやつをもらうのは嬉しい」と付け加えられているのです。感情を理解したうえで、それがどのような場面であるかを想定し、説明していることに驚きました。

7 四種類の「おはよう」を表現する

バタン！とドアや襖が閉まる音を聞いて、「なんだか怒っているみたい」と感じますね。なぜでしょう。

心理学者のジュスリン[6]は、「音楽家は、情動の音声表現に起源を持つ音響的手がかりの、それぞれの情動に特有のパターンを音楽の演奏に用いて、聞き手に情動を伝える」と主張しています。感情と音色について、例えば、嬉しさ・喜びの表現であれば明るい音色にはっきりと。優しさが込められる場合には柔らかく滑らかな。怒りの表現では強くはっきりと。悲しみの場合は暗い音色といったイメージがあるかもしれません。もちろん表現の方法は多様ですが、感情と音楽表現の音響特性については、一般に、怒りや嬉しさの感情はスタッカート（短く切って）に、悲しみや優しさの感情はレガート（滑らか）に表現されることが多いと言われています。[7]

このことについて、子どもは感情をどのように音声表現するのだろうかと、挨拶の「おはよう」を用いて調べてみました。「ふつう」「喜び」「怒り」「悲しみ」の四つの表情絵（下の写真）を三歳から五歳の子どもに提示し、この顔の気持ちで「おはよう」と言うように求めて、それを録音してみました。協力してくれた四つの保育園の一二四人の子ど

「ふつう」「喜び」「怒り」「悲しみ」の四つの表情絵

もたちの録音を聞いてみると、五歳になると、それぞれの表情をしっかりと音声表現していることがわかりました。そこで、五歳児（四二人）の音声を、どのように変化させて表現しようとしているのか丁寧に聴取してみたところ、高低、大小、速さ、表現に、次のような音響特性が見られました。

喜　び……高い　大きい　速い　スタッカート

怒　り……低い　大きい　速い　アクセント

小さくてゆっくりレガート

悲しみ……高いあるいは低い　小さい　ゆっくり　レガート

感情の音声表現において、五歳児が大人と同様の音響特性（表現方法）を用いようとしていることが明らかです。調査に協力してくれた五歳児が、意図を持って音声特徴を使い分けようとしており、一つひとつの語をどのように発話しようかと考え、表現の仕方を自分なりに工夫しようとしていることがわかりました。もちろん、声だけではなく顔の表情もいろいろに変化させながら。

3 乳幼児をとりまく音環境

ここまで、子どもの「音感受」の様子についてお伝えしてきたわけですが、身のまわりの音の変化に気づいたり、音声の微細な特徴を感じたりするためには、そのわずかな音をキャッチできるだけの静けさが必要です。さて、保育室、どの程度の騒音レベルにあると思いますか？

1 保育室の騒音レベル

「騒音」というと、ネガティブなイメージがあります。確かに、子どもの声や保育の中で生じる音=騒音ではありません。サウンドスケープ（音の風景）という概念をつくり、サウンド・エデュケーションの創始者とも言えるマリー・シェーファー[8]は、「騒音とは、われわれがないがしろにするようになった音である」と述べています。雷や突風といった自然現象や、あるいは楽器の演奏の場合など、私たちは生活の中で大音量に耳を晒す機会はあります。しかしそれらは、「私たちがないがしろにした音」ではありません。ないがしろにした音とは、無意識にバタバタと廊下を歩いたり、不用意にドアを閉めたり机や椅子を引きずったり、まわりを気にせず大声をあげる……など、不必要にあるいは無意識に立ててしまう音のことです。

保育室内の騒音については、日中は70～85dB（デシベル）で推移することが多く、頻繁に90dBを超えることが報告されています。[9] 80dBとは、交通量の多い道路程度、90～100dBは電車の高架下程度の騒音です。騒音障害防止のためのガイドラインでは、85dB以上90dB未満の場合には「騒音作業に従事する労働者に対し、必要に応じ、防音保護具を使用させること」、90dB以上の場合には「騒音作業に従事する労働者に防音保護具を使用させるとともに、防音保護具の使用について、作業中の労働者の見やすい場所に掲示すること」と明記されています。保育室も、例外ではありません。子どもの耳も保育者の耳も、護られなければなりません。

なお、こうした音は、私たちが作り出す音だけではなく、保育室の構造によって増幅されることも知っておくことが大事です。コンサートホールでは響きの良さが重要ですが、日常の保育の場において、残響は、注意すべき要素なのです。

2 選択的聴取

カクテルパーティー効果という言葉を、どこかで聞いたことがあるかと思います。パーティーで大勢の人がバラバラに話をしていても、聞きたい人の音声を抽出して聞くことができたり、自分に関係のある言葉を無意識に拾って聞き取ったりすることのできるメカニズムのことです。このような経験、ありますよね。聴覚の、素晴らしい機能です。

しかし、こうした選択的な聴取の能力は、乳幼児にはまだ備わっていません。子どもの音環境についての最近の調査[10]では、乳幼児は成人のように周波数帯域を予測的・選択的に聴取することができず、幅広い周波数帯域の音をそのまま聞いているため、雑音の多い音環境で必要な情報を選択的に聴き取ることが非常に難しいと報告されています。

さらに、落ち着きのなさ、注意力の欠如等から発達障害を疑われる場合に、いわゆる発達障害ではなく聴覚処理における障害が見出される事例があるとも言われています。90 dBのような音環境ではなく、子どもが安心して過ごすことのできる音環境を用意することが必要ですね。そのことはまた、声の微細なニュアンスや細やかな音に気づくことのできる環境でもあるのです。

3 音感受のできる保育室の音環境を考える

保育者と子どもの耳を護る環境は、音感受を可能にする環境でもあります。このことについて、吸音材の効果的な使用、モノの配置といった物理的な工夫と、人的な配慮といった側面から考えてみましょう。

まず、日常の保育において、どの程度の騒音環境にあるのかを調べてみましょう。専門家に測定してもらうことをお勧めしますが、スマートフォンのアプリにも残響や騒音の測定機能がありますので、簡易に調べてみることができます。自分の耳がとらえる印象と、計測値とを比較してみても面白いです。

穏やかな響きにするためには、市販の吸音

保育室の音環境を整える〔世田谷仁慈保幼園(東京都世田谷区)〕

材を壁に使用したり、天井から吊るしたりなどします。床の一部にカーペットや畳を敷いたり、カーテンで工夫したりすることもできますね。吸音材を使用する前後の保育室の音の響きの録音を聞いたことがありますが、各周波数帯のdB値が低下しているその音の印象は、単に音が小さくなったというよりも、トゲトゲして耳が痛いと感じる音の角が取れて、まろやかに聞こえるという印象でした。保育室の音環境を専門に調査している嶋田[11]によれば、このとき、子どもの遊びの様子にも変化が見られたとのことです。彼女の報告によれば、残響が大きかった保育室では、寝転んだり目的もなくぶらぶらと歩いたりしていた子どもも、音環境を整えることで、遊びに集中できるようになったそうです。

さらに、ロッカーや棚の配置を変えることでも、音の環境は変化します。遊びにおける子どもの動線が変化することによる結果だと思います。活動目的に応じたコーナーをつくるという発想ですね。コーナーづくりは日常的に実施されていることと思いますが、環境構成の際に、音環境という視点で眺めてみると、何か新しいアイディアが思い浮かぶかもしれません！

こうしたハード面からのアプローチに加え、保育者の音環境に対する意識が重要です。まず、声の出し方についてですが、音環境の調査をしている際に、静けさを感じる園では、「言葉は手渡すように」「相手に声が届く距離で話す」「声に集中できるように小さな声で話す」など、不必要に大きな声を出さないよう心がけておられることがわかりました。高い騒音レベルにある保育室では、子どもの声よりも大きな声で保育者が話しかけ、その大きさに反応して子どもの声も大きくなるといった声の伝染（共振）が生じてしまいます。保育者が声の出し方に注意を払うことは、静かな音環境を保つために重要であるとともに、子ども同士あるいは保育者と子どもが、音声のコミュニケーションにおける言葉や感情の微細なニュアンスを感受し合うことを可能にするのです。

また、声だけではなく、自分の動きによって生じる音にも耳を傾けてみましょう。ある保育園では、園内で「音探し」の遊びを楽しんでいた子どもたちが、壁や床に耳を当てて、自分たちの足音が大きく響いていることに気づいたそ

うです。そして「赤ちゃんの耳は床にあるよね。赤ちゃんが寝ているときは、静かに歩こう」と声をかけ合っていたそうです。

音を聴く遊びをとおして、子どもたちは、生活の中で他者の耳を持つことの大切さに気づいたのではないでしょうか。「静かにしなさい」という指示を受けなくても、「今はおしゃべりをやめよう」「ここは静かに歩こう」「大きな声を出さない方がいいな」など、自分で考え、判断する。決められたルールを守るというのではなく、「聴く」ことの面白さや、耳を澄ませることからの発見に基づいた、主体的な判断です。

「聴く」こと自体を遊びに取り入れることについては、そのアイディアをＳＴＥＰ２で紹介いたします。

壁や床に耳を当てて「音探し」〔長船ちとせこども園（岡山県瀬戸内市）〕

4 五領域とのかかわり

遊戯室で遊ぶ年長児
思い切り体を動かして遊んだ後
「目を閉じて、まわりの音をきいてみよう」と言ってみた。
するとみわちゃんが、
「せんせい、かぜの　やさしいおと　きこえてきた」って。
そうしたら洋平君が、
「オレ　じぶんの　いのちのおとが　きこえてきた」って。

目を閉じて、じっと耳を澄ませると聴こえてくる音の世界。風の音は優しくて、ドクンドクンといのちの音が聴こえてくる。耳を澄ませることは、環境をとらえることであり、体を感じることでもある。そうした感受が言葉を紡ぎ出すのですね。

音をとおして子どもの表現の世界を見つめてみると、

「表現」内容の取扱い

① 豊かな感性は、身近な環境と十分に関わる中で美しいもの、優れたもの、心を動かす出来事などに出会い、そこから得た感動を他の子どもや保育士等と共有し、様々に表現することなどを通して養われるようにすること。その際、風の音や雨の音、身近にある草や花の形や色など自然の中にある音、形、色などに気付くようにすること。

〔「保育所保育指針」第２章　保育の内容／３　３歳以上児の保育に関するねらい及び内容／⑵ねらい及び内容／オ　表現／㈹内容の取扱い〕
＊「幼稚園教育要領」第２章　ねらい及び内容／表現／３　内容の取扱い、「幼保連携型認定こども園教育・保育要領」第２章　ねらい及び内容並びに配慮事項／第３　満３歳以上の園児の教育及び保育に関するねらい及び内容／表現／３　内容の取扱いに、同じ趣旨の記載があります。

保育内容の「健康」「人間関係」「環境」「言葉」「表現」の五領域とのかかわりが見えてきませんか？ 事例にあるように、子どもの素直な表現は詩人のような言葉を紡ぎ、文を編んでいます。子どもの感性は大人の想像を超えており、これまで意識することのなかった素朴なできごとの中に存在する多様な価値に気づかせてくれるように思います。

「目を閉じて、まわりの音をきいてみる」、この行為について、平成二九年に改定(改訂)された保育所保育指針、幼稚園教育要領、幼保連携型認定こども園教育・保育要領の領域「表現」の内容の取扱いの①に、風の音や雨の音など、自然の中にある音に気づくようにすることが新しく加わりました（前頁の囲み参照）。この、「風の音や雨の音に気づく」ということの意味を、少し考えてみましょう。

風の音や雨の音が例示されているのは、どのような環境にあろうとも、それらが等し並みに私たちに届く音であるからです。そして、気づきの対象は、雨と風の音、あるいは自然界の音だけを指しているのではなく、「日常の風景の中にある音」と、広い意味でとらえてみましょう。当たり前に存在する音ですが、だからこそ、あえて意識しなければ聞こえてこない、気づくことを疎かにしている音なのですね。

例えば雨の音、耳を澄ませば、多様に変化する音、感情によっても聞こえ方の違う音であることに気づきます。先日、久しぶりの雨に、傘を差して出かけました。耳を澄ませると、歩くたびに上下する身体

日常の風景の中にある音を聴く

の揺れが拍となり、その中に雨音の音符が刻まれているように聴こえます。風が吹けば当然にそのリズムは乱れ、雨足が激しくなれば刻まれる音符は細かく、そして大きくなります。その勢いに応じて、クレッシェンドしたりディミヌエンドしたり。靴や鞄が濡れることは嫌なわけですが、こうして雨の音に耳を澄ませているとなんだか楽しくなって、あっという間に駅に到着しました。

倉橋惣三の『幼稚園雑草』[12]の中に、「雨の日」をテーマとした記述があります。

> 傘があり、足駄があり、合羽がある。幼稚園の保育にも雨の日の用意は、ちゃんと初めから出来ていいものではあるまいか。ことに子供の方では、大人が屈託する程に雨の日を困るものでもない。それを子供にもちあぐませるのは、我等の方に用意が足りないせいではあるまいか。雨の日は幼稚園の禁物と決まっていたりするが、そう嫌ってばかりいても仕方がない。雨の日は雨の日らしい一日がもてないものだろうか。(中略)

確かに、雨の日はいつものように外遊びをすることができず、陰鬱な気持ちになりがちです。とくに休み明けの月曜日の雨は、子どもにとってストレスが大きいということも、しばしば伺います。しかし倉橋は、子どもの方では、保育者が思い悩むほどには雨の日に困っていないと書いています。子どもを退屈させてしまうのは、「用意が足りないせいではあるまいか」と。

倉橋は、傘、足駄、合羽など、雨の日にもまた園庭に出ることの「用意」に加え、保育室での「用意」について、次のように書いています。

雨日またよしと茶人めき詩人ぶるわけではないが、薄暗い室に聴くあまだれの音、窓ガラスの外に見る桐の雨、なかなか捨て難い趣のあるものである。それがまた子供には子供らしく、おもしろい印象のあったりするものである。やや、しんみりしたお話、静かなお客さまごっこ、あるいは部屋のうす暗さを利用した影絵、幻燈、人形芝居も興があろう。雨のいろいろには、それ相応の違った味もあり、趣もある。それにふさわしい題目もいくらもあろう。雨の日の雨ものがたり、源氏ではないが、いい一巻の保育日誌をつくってみるのもよかろう。

「薄暗い室に聴くあまだれの音、窓ガラスの外に見る桐の雨」に耳を澄ませること、「しんみりしたお話、静かなお客さまごっこ、あるいは部屋のうす暗さを利用した影絵、幻燈、人形芝居」といった遊び。「雨の日の雨ものがたり」という保育者側の「用意」とは、そう

した感性的な時間を子どもとともにする「心のゆとり」や「時間のゆとり」を意味しているのではないでしょうか。

「時間のゆとり」は「心のゆとり」から生じ、「心のゆとり」は「時間のゆとり」から生まれるのだなあと思います。一日一回は空を見上げる、風の音を聴く、雨の音に遊ぶ……。こうした、保育者自身のちょっとした「ゆとり」の感覚が、日常の風景の中にある、感受する子どもの姿への気づきを導きます。保育者が「ゆとりのひととき」を子どもとともにすることにより、両者の感受の世界はお互いに豊かになっていくことでしょう。

Column

雨の絵本

絵本紹介：安井素子

どしゃぶり

おーなり 由子〔ぶん〕／はた こうしろう〔え〕、講談社、2018年

夏の日に黒い雲が近づいてきたと思ったら、急に大粒の雨が降ってくる……という経験が誰にでもあると思います。そんな夕立の時間が絵本になっています。雨が降ったときの地面からたちあがる匂い、傘にあたる雨の音。この絵本を見ると、雨を感じる子どもの躍動と全身の喜びが伝わってきます。この絵本でわたしが注目するのは、最後に後からお母さんが傘を持って歩いている場面です。大人が許してくれる空気の中で子どもはこんなにものびのびと“今”を感じることができるのだと思うのです。でも、雨が降ってくると、子どもに「風邪ひくよ。ぬれちゃうよ」と声をかけてしまいます。保育園によっては、さして来た傘はおうちの人に持って帰ってもらい、保育中に傘をさして歩くことはできないというところもあります。子ども時代にしか感じることができない感覚を体験できる環境を作るのは、とても大事なことだと、この絵本の中の男の子が教えてくれます。

おじさんのかさ

佐野 洋子〔作・絵〕、講談社、1992年

黒くてりっぱなかさを持っているおじさん。出かけるときは必ず、かさを持っていくのに、濡れるのが嫌で絶対にかさをささないおじさん。ある日、ちいさな男の子と、ちいさな女の子が「あめが ふったら ポンポロロン あめが ふったら ピッチャンチャン」と歌いながら歩いていくのを見ておじさんもつられて「あめが ふったら ポンポロロン あめが ふったら ピッチャンチャン」と言ってみます。「ほんとかなあ」と、かさをさしてみると上からも下からも楽しい音がする。すっかりうれしくなってしまうおじさんに思わず笑ってしまうほど。この本を読むと、いつも自分も雨の音を聞いてみたくなります。大人になっても雨の音がうれしくなるおじさん、素敵だなと思います。

Column

雨の絵本

絵本紹介：安井素子

あめ ぽぽぽ

ひがし なおこ〔さく〕／きうち たつろう〔え〕、くもん出版、2009年

雨の日におでかけ。雨の中を歩く様子が描かれています。雨の音だけでなく、雨の日に聞こえてくるいろんな音が表現されています。声に出して読むと自分が雨の中を歩いているような気持ちになります。この本には、手をつないだときのお母さんの手のやわらかくてあったかい感じや、風にのってくる、ちょっとつめたい雨という感触も感じることができるところが素敵です。雨上がりのきらきら光る様子“あめがあしあとをつけている”“あめ いなくなった”という表現だったり、雨粒に顔が描かれていたりします。子どもたちにとって、おでかけするということは、目的地に行くということではなく、こんなふうに何気ないことすべてを“感じている”時間なのです。

雨、あめ

ピーター・スピアー、評論社、1984年

この本には文字がありません。読み聞かせには向かないようなのですが、でもどのページにも“音”があふれています。雨が降ってきたら、レインコートに長靴姿で傘を持ってあそびにでかける姉弟。多分、子どもの頃の実体験の有無で、この本から感じることは人によって違うと思います。4歳クラスで読んだとき「洗濯ものがぬれちゃうよ。いいの？」と心配している子がいました。雨つぶをいっぱいつけた蜘蛛の巣、側溝に葉っぱが流れていく様子、雨が降ったときの土のにおい……子どもの頃でなければ感じることができないことであふれています。子どもたちが何を感じるかを楽しみに見守ったり、一緒に感じたりできる環境を用意してあげたいなと思います。そして、あったかいお風呂を用意して待っていてくれるお母さんがいるのがいいなと思います。

5 幼児期の終わりまでに育ってほしい姿

「幼児期の終わりまでに育ってほしい姿」とは、遊びの中で子どもが発達していく姿を示したものです。子どもが身のまわりの音を感受し、音に遊び、音を遊ぶ姿にも、「幼児期の終わりまでに育ってほしい姿」をみることができます。

「幼児期の終わりまでに育ってほしい姿」は、幼稚園や保育所、こども園において育みたい資質・能力の具体的な姿です。「健康な心と体」「自立心」「協同性」「道徳性・規範意識の芽生え」「社会生活との関わり」「思考力の芽生え」「自然との関わり・生命尊重」「数量や図形、標語や文字などへの関心・感覚」「言葉による伝え合い」「豊かな感性と表現」の10の姿が挙げられています。音を感受し、音を表現する子どもの姿は、「豊かな感性と表現」と強いつながりがあるように見えますが、その姿に対し、10のそれぞれの視点から、子どもの「今」そして「育ちの姿」を合わせみることが重要であり、それがまさに、子どもも理解ということなのですね。

例えば、次の事例から、10の姿の何を読み取ることができるでしょうか。

幼児期の終わりまでに育ってほしい姿

① 健康な心と体
② 自立心
③ 協同性
④ 道徳性・規範意識の芽生え
⑤ 社会生活との関わり
⑥ 思考力の芽生え
⑦ 自然との関わり・生命尊重
⑧ 数量や図形、標識や文字などへの関心・感覚
⑨ 言葉による伝え合い
⑩ 豊かな感性と表現

雨上がりの園庭。長靴を履いた女児が大きな水たまりを見つけた。「ペッチョンペッチョンだ」と言いながら、水たまりを歩いている。

わざと大きな音を立てているようだ。「どろんこってくっつくんだよ」と、嬉しそうに話す。

しばらくして男児がやってくる。女児が足をパタパタさせて音を立てると、同じ回数だけ男児も足をパタパタさせる。タタタタのリズムには、タタタタと、タンタンのリズムにはタンタンと。

二人の間には一切の会話はなかったが、「楽しかったね～」と顔を見合わせて保育室に戻っていった。

「どろんこってくっつくんだよ」という身のまわりの不思議への気づきの言語化の後、音を遊んでいる間、二人の間に会話はありませ

んでした。しかし、水たまりでの「音」がコミュニケーションツールとなっており、リズムの真似っこは、まるで言葉による伝え合いの姿を見ているようでした。大きな動きをすると水は大きく跳ね上がり、その音も大きく変化します。そのことを面白がって体を動かして遊び、その楽しさを音によって仲間に伝え、まるで二人でセッションをしているかのような表現遊びを展開しています。自分の作り出す音を感受し、表現することの喜びを味わっている何気ない姿の中に、さまざまな姿、子どもの思いを読み取ることができますね。

〈STEP1・注〉

1 吉永早苗「幼児期における音感受教育―モノの音・人の声に対する感受の状況と指導法の検討」（白梅学院大学大学院子ども学研究科博士論文）、二〇一三年

2 武満徹著『武満徹著作集3』新潮社、二〇〇〇年、三八―三九頁

3 ルソー著、今野一雄訳『エミール（上）』岩波文庫、二〇一八年、一一八頁

4 Darwi.C. The expression of the emotions in man and animals (3rded.) Harper-Collins 1998 (Original work published 1872).

5 Morton,J.B.& Trehub,S.E. (2001) Children's understanding of emotion in speech,Child Development,Vol.72-3,pp.834-843.

6 Juslin,P.N. A functionalist perspective on emotional communication in music performance 1998. (Doctoral dissertation. Uppsala University,1998). In Comprehensive summaries of Uppsala dissertations from thefaculty of social sciences No.78 pp.7-65). Uppsala, Sweden: UppsalaUniversity Library.

7 Juslin,P.N.& Laukka,P. Communication of emotion in vocal expression and music performance: different channels, same code? *Psychological Bulletin* Vol.129-5 2003 pp.770-814.
8 R・マリー・シェーファー著、鳥越けい子・小川博司・庄野泰子・田中直子・若尾裕訳『世界の調律―サウンドスケープとはなにか―』平凡社、一九八六年、二九五頁
9 志村洋子・甲斐正夫「保育室内の音環境を考える(1)」『埼玉大学紀要　教育学部』第四七巻第一号、一九九八年、六九―七七頁
10 嶋田容子・志村洋子・小西行郎「環境下における幼児の選択的聴取の発達」『日本音響学会誌』七五巻三号、二〇一九年、一一二―一一七頁
11 嶋田容子「保育の音環境」嶋田報告会（二〇二一年）より
12 倉橋惣三著『幼稚園雑草（上）』フレーベル館、二〇〇八年

〈参考文献〉

・無藤隆監修、吉永早苗著『子どもの音感受の世界―心の耳を育む音感受教育による保育内容「表現」の探究』萌文書林、二〇一六年

STEP

2

保育の工夫で「音感受（おとかんじゅ）」を豊かにのばそう

「同じ緑色でも濃さが違うと音の感じも違うね！」子どもには、音に色が見えるのでしょうか？　子どもにとって、聴くことも遊びです。感じて考えて表現を工夫する。本章では、子どもの感性と表現の世界を探検してみましょう。

1 子どもの育ちへの共感

1 気づきへの共感

雨の幼稚園。園庭に、白いビニール袋で作った衣装（おそらく白雪姫）をまとった女児が、素足でたたずんでいました。走り回るわけでもなく、水たまりに遊ぶわけでもなく、ただ、雨を感じているように見えました。一人の保育者が私の横を通り抜けながら、「この子は、雨の日が好きなんですよ」と教えてくれます。園長室で一時間ほどの話を終えて園庭に出たところ、その女児は、洗い場で足を綺麗にして室内に入ろうとしていました。女児を見て、園長先生もまた、「この子は、雨の日が好きなんですよ」と同じことをおっしゃいます。そして、「合羽に当たる雨の音、傘に落ちる雨の音、手のひらで受ける雨の音……。すべて音が違うって言うんですよ」と、教えてくださいました。女児に向けられた優しい眼差しが、とても印象的でした。[1]

子どもと同じ目線に立ち、女児の気づきや行為に共感している保育者の存在。「おや、この子は何をしているのだろうか」と子どもの感受する姿に関心を寄せ、「何を思っているのだろうか」と共感する保育者。保育者の気づき・共感が、子どもの豊かな時空間を生み出すのではないでしょうか。園庭で女児が感じていたのは、雨の音だけではありません。合羽に落ちてくる雨の感触、肌に直接当たる冷たさ、素足で水たまりを歩く感覚、雨の日の匂い、葉っぱの色……。まさに、体の諸感覚で、「あとから あとから ふってくる雨」にふれ、楽しんでいたのだと思います。

レイチェル・カーソン[2]は、「子どもたちの世界は、いつも生き生きとしていて新鮮で美しく、驚きと感激に満ちあふれています。残念なことに、わたしたちの多くは大人になるまえに澄みきった洞察力や、美しいもの、畏敬

すべきものへの直感力をにぶらせ、ある時はまったく失ってしまいます」と、未知なる世界に対面する子どもの感覚の鋭さを説いています。そして、「子どもといっしょに自然を探検するということは、まわりにあるすべてのものに対するあなた自身の感受性にみがきをかけるということです。それは、しばらくつかっていなかった感覚の回路をひらくこと、つまり、あなたの目、耳、鼻、指先のつかいかたをもう一度学び直すことなのです」と、私たちに訴えています。

はじめに紹介した雨の幼稚園の保育者は、子どもが好奇心を抱いて自然の中に入り、体の諸感覚でそれらと対話し、驚きと感動を味わっている姿を見取り、共感し、言葉をかけています。みずみずしい感性を

もとに想いを巡らせている子ども。その姿に意識を向けることのできる保育者の感性こそが、子どもに、環境との感性的な出合いを保障しているのです。

レイチェル・カーソンは、子どもと共に自然を探索し、子どもと共に同じ眼差しでそれを見つめ、子どもと調和し、体の諸感覚でいま起きていることを感受することにより、鈍化したかもしれない洞察力や直感力が蘇ると言っています。森の中を歩かなくても、一緒に空を眺め、共に風の音に耳を澄ませ、雨を感じる……。当たり前の日常で、子どもが環境と対話している姿に気づくこともまた、大人の感性の回路を開くことになるのです。

2 素朴な表現への共感

感性と表現に関する領域「表現」の、内容の取扱い②には、次のように書いてあります。

子どもの自己表現は素朴な形で行われることが多いので、保育士等はそのような表現を受容し、子ども自身の表現しようとする意欲を受け止めて、子どもが生活の中で子どもらしい様々な表現を楽しむことができるようにすること。

（「保育所保育指針」）

この三行には、大切なことがいくつも挙げられています。まず、「子どもの自己表現が素朴な形で行われることが多い」ということ。素朴な表現とは、目的を持った造形表現や音楽・身体表現、既成の音楽の再表現というよりむしろ、子どもの遊びや生活の中にある表現の芽生えを意味します。次に、その「表現を受容する」ということ。そして、子どもの、「表現しようとする意欲を育む」こと。そのためには、さまざまな表現を楽しむことのできる環境を用意することが必要ですね。

素朴な表現への共感について、今日、街で出会った二組の親子の事例を紹介しましょう。

小さなパン屋さんの外で順番を待っていたときのことです。後ろから、「ランラランラルー」と可愛らしい歌声が聞こえてきました。するとその「ルー」の後、つまり、「タッカタッカタン」に続けて、「ヨッ」と合いの手が聞こえます。振り向くと、その声の主は、三歳くらいの女の子と手をつなぐお父さんでした。合いの手は、子どもの素朴な表現への共感にほかなりません。そして、「ヨッ」という合いの手は、次のフレーズを期待するつなぎの一拍になっています。そのつなぎの一拍が、続けて歌うことを引き出しているのです。それは、「歌うことが求められている」という自己肯定感と、表現することの喜びを女児にももたらしていることでしょう。つぶやきのような「ランラランラルー」は、お父さんの合いの手という「共感」により、素敵な音楽の共同作品となっていたのでした。

こうした心地よい歌を聞いていると、前方から一歳くらいの男の子とお母さんが歩いてきます。男の子は、電柱のそばまでくると手を広げてそれに抱きつきます。電柱は、数メートルの間隔で立っていますので、その行為を繰り返しながらこちらに近づいてきたわけですが、お母さんは、男の子が電柱に抱きつくたびに「ピタ～」と声を出していたのでした。「ピタ～」とお母さんの声が聞こえると、男の子はにっこり笑って足を進めます。抱きつく行為は、生活の中にある何気ない仕草です。しかしそれは、その場面におけるその子なりの表現でもあるのです。自分の行為が受容されていることを母親の声や表情から感じ取った男の子には、寒い日の買い物帰りの道のりも、楽しいひとときであったことでしょう。

3 共感からはじまる表現の深化

先ほどの「ランラランラルー」の事例において、合いの手が、女の子の表現を引き出していると書きました。共感は受容であるとともに、表現したい気持ちを引き出し、その表現を発展・深化させるきっかけにもなっています。「上手ね～！」と、自分の表現がほめられることは嬉しく、もっと表現したいという思いにつながります。そのとき、何が上手だったのか、どういうところが上手だと感じたのかを伝えることが大切ではないかと考えます。もちろんそれは、大人の価値観で子どもの表現を測るというのではなく、「自分がどのように感じたのか、思ったのか」を伝えるということです。

子どもの表現もまた、思いや意図を持って表現されています。したがって、保育者が自分の感じたことを伝えることは、子どもにとって、自分の表現が肯定的に受け止められているという安心感だけではなく、相手にどのように伝わっているのかを知る機会になります。それは、新しい表現の展開につながっていくのではないでしょうか。もちろん、幼い子どもの表現は偶然に生まれることが少なくありませんが、こうした表現もまた、保育者の肯定的な受け止めにより、思いや意図を持った表現に発展していくのです。

そして、何がどのように上手だったのかと添える言葉を考えることは、子どもの表現をよりしっかり理解しようとすることにつながります。一方、「何がどのように上手だったか」と言葉が添えられることは、子どもにとって新しい言葉とその概念を獲得する機会になります。例えば、「伸びやかな声が出たね」と伝えれば、自分の表現をとおして、「伸びやか」という言葉とその概念に出会うことになります。「高い音」「低い音」という言葉との出会いは、音の高低感の獲得につながります。

音の音響特性としての高低について少しお話しいたしますと、音の大小はモノの大きさと関連し、学習しなくてもその概念が獲得できる一方、高低については、学習が必要だと言われています。例えば、ピアノで鳴らした高音に対し、子どもは「小さい」「可愛い」「キラキラ」「水色」と回答し、低音には、「大きい」「怖い」「黒色」「雷」などとそのイメージを表現することがあります。したがって、「高いきれいな声で歌っているね！」とか、「その太鼓の音、とっても低くて、なんだか嵐が来そうだね」などと、保育者が感じたことと、子どもが表現しようとしていることを丁寧に言葉にしていくこと。おそらく皆さんが、保育の中でごくふつうになさっていることが、子どもの音楽的成長や、言葉とその概念の発達、表現の深化、感性の広がりなどと深くかかわっているのです。

1 子どもの素朴な表現

子どもの素朴な表現は、自分の気持ちがそのまま声や表情、身体の動きになって表れることが少なくありません。動きや音などで表現したり、演じて遊んだりしながら、自分なりに表現することの喜びを味わいます。その表現は、身のまわりのもの、あるいは人とのかかわりの中で偶然に表出し、自らの表現の面白さに気づいて繰り返したり、別のものの存在に気づいて変化させたり、まわりの人の共感を得て表現を工夫し

図1　子どもの素朴な表現

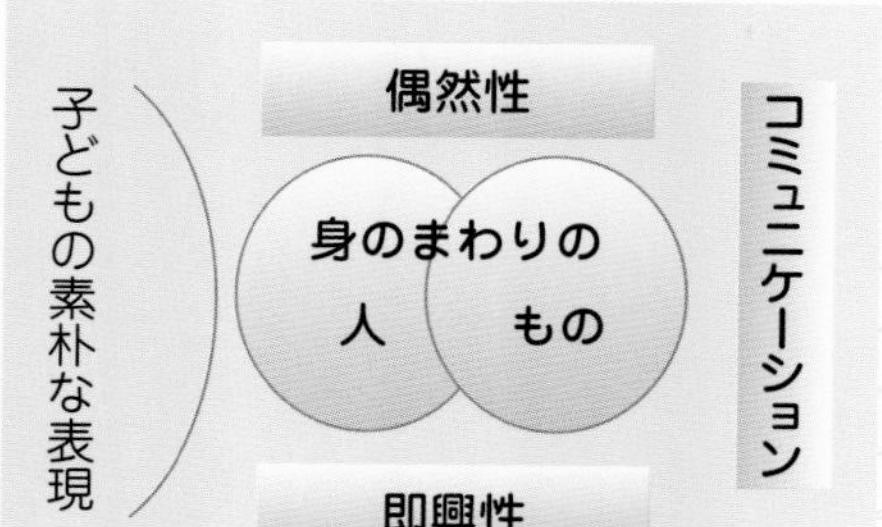

（吉永、2020）

たりしています。つまり、子どもの素朴な表現は、偶然性・即興性という特性を持ち、表現が表現をつくり出し、身のまわりのものや人とかかわり合いながら発展していきます（図1）。

主体的な表現

「主体的」とは、自分で判断して行動することです。したがって、主体的な表現とは、人から指示されたり強制されたりすることで生まれる表現ではなく、子どもが自分で考えて表現することです。主体的な表現には図2のような循環があると考えられます。

音楽表現の事例ではないのですが、作品の中に、子どもの「感じる」「考える」「工

図2　表現の循環図

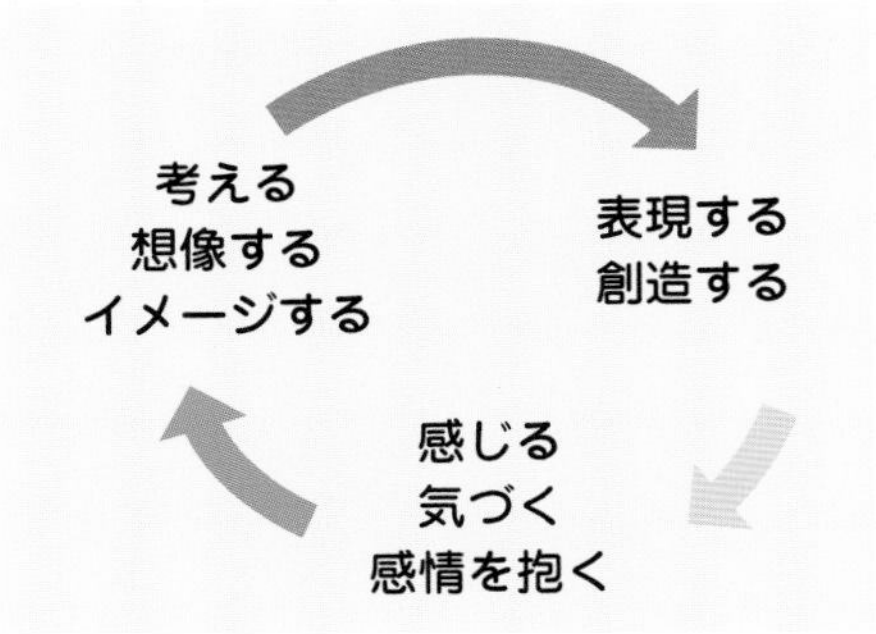

（吉永、2016）

夫して表現する」プロセスの見える事例を紹介しましょう。

先日訪れた保育園の廊下の壁に、子どもたちの習字が貼ってありました。それは、展覧会で見るお手本のような文字ではなく、筆を使うのが面白い、墨を滲ませるのが楽しいといった雰囲気のもので、子どもの笑った顔、ちょっと首をかしげた顔、墨だらけの手が見えてくるような作品が並んでいました。「ウメ」とカタカナで書かれたその作品の中に、「メ」の文字が、明らかに剣のデザインに整形された文字がありました。

カタカナの「メ」、よく見ると、確かに剣のようにも見えますね。その子は、「メ」を見て「剣」を直感し、ちょっと形をいじってみた。そうするともう「メ」は剣にしか見えなくなって、筆を持ちながら、実は、かっこいい剣を手にする戦士になっていたのかもしれません。「梅」を思い描いて筆を運んではいないことをわかりながらも、その子どもの表現を受け止めて展示する保育者のはからいも、素敵ですね。

主体的な表現には、こうした「感じる」「考える」「工夫して表現する」の循環が存在します。自由な遊びの時間だけではなく、こうした一斉の活動の中にも発揮される子どもの自由な発想、主体的な表現の姿を見つけてみましょう。

2 子どもの主体的な表現を支える保育者の主体性

実習巡回の際、たまたま「まっかな秋」（作詞：薩摩忠、作曲：小林秀雄）を歌う子どもたちに出会いました。保育者がピアノを弾き始めると子どもは順次席に着き、「まっかな秋」を歌い始めます。歌い終わると「上手でした」と保育者が声をかけ、用意された牛乳を飲むという流れでした。この活動は、確かに歌唱活動ではあるのですが、「表現」というよりもむしろ「合図」というか、ルーティーンの中に組み込まれた歌唱です。歌詞はしっかり覚えていているのだけれど、歌詞にある「つたの葉っぱ」や「からすうり」「トンボの背中」の赤、夕日に照

らされた情景を、どれだけの子どもが思い浮かべて歌っているのか疑問に思われました。「からすうり」を「カラス売り」と思って歌っているとまでは言いませんけれど。

牛乳を飲む前の歌唱であったとしても、保育者が、「つたの葉っぱ」の赤と「からすうり」の実の赤の違いを尋ねてみたり、「まっかな秋にどんなことを呼びかけたのかな？」などと問いかけたりすると、その歌唱は、思いや意図を持った主体的表現へと変容することでしょう。子どもの表現に問いかけること。それは、子どもがいま表現していることに向き合うということにもつながりますね。

教材製作の主体性

保育内容「表現」の授業で、「自分のお気に入りの音を持って来よう！」という課題を出したことがあります。このとき、一人の学生が手づくりのレインスティックを持ってきました。この学生がレインスティックを製作するに至ったその背景を、紹介します。

レインスティックとは、古代より多くの種族によって、音楽や式典などに使われてきました。枯れて乾燥したサボテンを拾い上げたところ、雨音のような音が聴こえたという偶然から生まれた楽器といわれています。見た限りでは、まさか美しい音が聴こえるなんて

レインスティック

想像できない形状です。そこで、この楽器を保育園に持って行き、子どもたちに見せたいと思いました。

案の定、楽器を見た子どもたちは興味津々です。傾けて音を鳴らしてみると、サラサラ、ピロピロ、キトキトなどに言い表せる、水の落ちるような美しい音。近づいて耳を澄ませる子どもたちに、「なんの音に聞こえるかな？」と問いかけました。すると三歳児からは「雨の音みたい～」と揃って回答があったのですが、五歳児は「ビーズが転がっているみたいな音」と、その素材や発音構造に興味を持つという特徴がありました。

大学の授業でも同様に、学生に「これはいったいなんだろう」「どんな音が聞こえるだろう」とレインスティックを見せ、想像をかき立てたあと、保育園での事例を紹介しました。そして、授業の最後に、「自分のお気に入りの音を持って来よう！」という課題を出したところ、一人の学生が、レインスティックを製作したということなのです。

学生の手づくりしたレインスティックには、トイレットペーパーの芯が使用されていました。学生の説明によれば、サボテンのトゲの代わりに爪楊枝をトイレットペーパーの芯に刺し、中に、まず、ビーズを入れてみたそうです。でも、「これだ！」と思う音にならず、その後、米、小豆でも試したものの納得できず。最終的に、爪楊枝を刺す際に折って手元に散らばっていた頭の部分（尖っていない方）を中に入れてみると、レインスティックのような音がしたとのことでした。

製作活動における、この気づき、創意工夫は素晴らしいですね。音を聴き、感じ、考え、工夫する表現のプロセスを、保育者自身が経験することが大切なのだと思います。

3 環境構成と表現

1 かえで幼稚園との出会い

保育者養成校出身ではない私にとって、幼稚園や保育所で出会う子ども、保育者の皆さん、そして保育環境のすべてが「先生」でした。さまざまな出会いの一つに、広島のかえで幼稚園があります。二〇年以上、昔の話です。「運動会にＢＧＭを廃止した幼稚園があるのよ！」という情報を得て連絡を取ったのが始まりでした。すぐに訪問が叶い、ドキドキ、わくわく、地図を頼りに電車を乗り継いで出かけました。

厳島神社を見渡すことのできる、小高い山にある幼稚園でした。まず、園庭を案内していただいたのですが、金網のフェンスに丸く穴が空いているのを発見してしまいました。大きな石が飛んできたとも思えず、明らかに故意に空けられた穴のように思いましたが、失礼があってはいけないので、「こちらは？」とさりげなく訊ねてみました。予想どおり、園長先生が工具で空けたということがわかりました。そして、「そこに森があったら、外に

道具の存在、そしてそこに鳴り響いている音によって、青竹は楽器へと変化しました。金槌だと竹が割れてしまうので、竹を叩くバチが必要という発想が生まれ、その行為を繰り返すなかで、さまざまな音色を試したり、グループで叩き合ったりするなどのリズム音楽遊びが始まりました。さらにはさまざまな素材を集めてドラムセットのように並べ、演奏表現に没頭する男児も現れました。子どもが何に意欲的に取り組んでいるのか、バチで叩く行為を子どもが連想できるような環境は何かという保育者の発想により、保育室では置物に過ぎなかった青竹は、木工遊びのコーナーで楽器に変容していったのです。

保育室で置物になってしまっていた青竹と木工遊び。この二つの点と点を結ぶことができたのは、保育者が、子どもの生活や遊びをしっかりととらえているからです。しかしながら、その後、世田谷区で出会った園長先生は、「その環境を用意した私たちの思いを子どもが汲み取って、保育者が期待しているように遊んでくれているのではないかと考えることがある」と、自分たちの環境構成を振り返っておられます。この保育園では、子どもの遊びの姿をウェビング図に示し、日々その環境構成を工夫しておられました。深い省察によって計画される保育であっても、保育者の意図した環境によって子どもを動かしているのではないかとなお省察を続けていく。しかしそれが特別なことではなく、子どもとかかわりながら、絶えず日常的になされているという保育者の奥深い仕事のありように、深く感銘いたしました。

4 聴くことを遊ぶアイディア

前述したように風の音や雨の音に耳を澄ませるということが、領域「表現」の内容の取扱いに新たに加わりました。このことを実践するにあたり、皆さんは、どのような活動を考えておられるでしょうか？

「風の音を聞いてみよう」「雨の音を聞いてみよう」と声をかける。

まず、そう考えますすね。気をつけたいのは、「聞かされている」「聞いて終わり」にならないことです。そのための、七つのアイディアを紹介します。

① 音に聴き入る

一つには、その音に「聴き入る」ということです。その場に身を置いて、風や雨の音に、ただただ耳を澄ませるのです。環境の中に体を置き、環境と自分とのつながりを感じるのです。環境もまた自分を聴いているのではないかという感覚になるまで。目をつむってみてもいいでしょう。そうすると、肌感覚で風や雨を感じたり、そよぐ葉っぱの色合いの変化・雨に濡れた土の色の変化に気づいたりするなど、体の諸感覚が働き始めるのではないでしょうか。風の音や雨の音に、寂しさや切なさ、あるいは優しさを感じたり、怒っているようだ、笑っているようだと感情を重ねたりすることもあるでしょう。

② 音の擬音化

二つ目は、聴いた音に忠実な擬音を見つけることです。すでに記述してきたように、擬音を見つけようとすることで、よりよく聴こうとする耳になります。友だちの表現する擬音と自分の表現との違いにも、興味がわくのではないでしょうか。表現の多様性を楽しみ、より工夫して表現しようとする気持ちになったり、同じ音を聴いていても、人によって聴こえ方・感じ方が異なるのだということに気づいたりするでしょう。

③ 音の変化を仕掛ける

保育室に届く風の音や雨の音に、何かしら仕掛けを

してみましょう。例えば、傘を置いて雨の音を際立たせたり、空き缶やボウルなどに雨を受けて音を変化させたりできますね。風の通り道に笹を立て掛けたり、すずらんテープを吊るしたり、あるいはビニールシートをぶら下げるなどして、変化する風の音を楽しむこともできるでしょう。さまざまな素材と組み合わせることによって変わってくる風の音や雨の音。音当てゲームや、お気に入りの音を作るゲームも面白そうですね！

保育室の窓際、風を感じる仕掛け
〔多摩川保育園（東京都大田区）〕

④ 目的を持って聴く

その場に立って、「風はどっちの方向から吹いているのかな？」とか、「雨の音も強くなったり弱くなったりするのかな？」など、目的を持って耳を澄ませると、音により集中することができます。また、見つけた自分の答えを発表することは、言葉による伝え合いの機会にもなりますね。

あるいは、ＳＴＥＰ1でも紹介しましたが、「風の音を見つけよう」と声をかけて、どこでどんな音が聞こえるのかを探してみて、その報告をする活動も主体的な聴き方を促します。さらに友だちとの協同性、言葉による伝え合い、自然への興味関心など、活動の中に、さまざまな気づきや学びが展開されそうです。

⑤ 絵を描く

聴いて感じた音を、視覚的に表してみます。景色を描くというよりも、音のイメージを線や点で描画してみてはいかがでしょうか。その勢いや、音の大小、高低感など。景色の色ではなく、音から感じた色のイメージも加えたいですね。風や雨の音の「図形楽譜」です。

⑥ 楽器で表現する

②の擬音化の活動を楽器や身のまわりのものの音で表現したり、⑤の図形楽譜を音に置き換えたりして、音(音楽)表現をしてみましょう。擬音に合う楽

器やものの音を探すことは、自分が表現する音をよく聴くことにつながります。自分で、あるいはグループで作成した図形楽譜を音に置き換える表現は、頭の中にある音のイメージを具現化する活動です。強くなったり弱くなったり、高くなったり低くなったりなどする音の特徴にも気づくようになるでしょう。こうした、思いや意図を持った表現活動は、小学校音楽科での学びにつながる内容です。

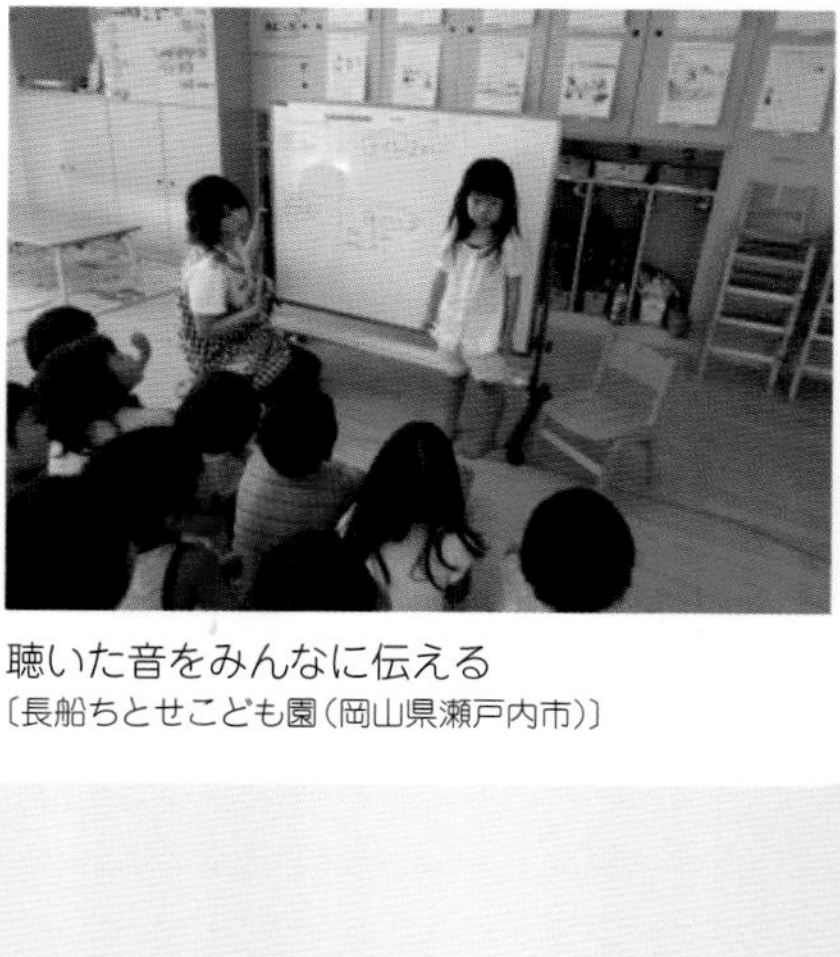

聴いた音をみんなに伝える
〔長船ちとせこども園（岡山県瀬戸内市）〕

⑦ 絵本とともに

環境との出会いから始まる表現活動も大切にしたいですが、絵本の中には、なかなか思いつかないような擬音が描かれています。また、風や音と語り合うような絵本、あるいはそれらの音がいつの間にか音楽になっているような絵本。感性豊かな作家によって描かれた風や雨の世界を体験した後に、実際に音を聴いてみたり、音を見つけてみたりすることもまた、子どもの感性を刺激し、発想を豊かにすることでしょう。

Column

絵本とともに

絵本紹介：安井素子

きこえる？

はいじま のぶひこ〔作〕、福音館書店、2012年

ページをめくると“きこえる？”と問いかけられます。はっぱのゆれる音は聞こえるけれど“はなの ひらくおと”“ほしの ひかる おと”ってどんな音がするのだろうって、考えます。でも、闇の中に小さく光る星を見ていると星が光る音が聞こえてくるような気がします。子どもたちとページをめくると、びっくりした顔をする子、花の開く音を「ぱっ！」と表現する子、じっと考えている子と一人ひとり違う反応です。わたしは、この本のページを開くたびに、周りの音に耳を澄ます時間をプレゼントされたような気持ちになります。生活の中で耳を澄ます時間がある。そして、その時間を楽しみにできるようになるためにも、自然の中に子どもたちをたくさん連れ出したいと思うのです。そんなことを思って散歩に出かけてみると、きっと、散歩の楽しみも違ってくると思います。

うたがみえるきこえるよ

エリック・カール〔作〕／もり ひさし〔訳〕、偕成社、1981年

みなさん！とバイオリニストに呼びかけられ「わたしには うたがみえます」「あなたも 耳をすませ 空想のつばさをひろげて 絵本のなかの うたを みてごらんなさい」と言われます。絵本の中で静かにバイオリンを弾き始めると、目に見える音がどのページにも広がっているのです。保育者を目指す学生に、作者のエリック・カールのメッセージにあるモーツァルトのバイオリンコンチェルトの曲とともに見てもらいました。どんなふうに感じますか？ と聞いたら、学生はちょっと困った顔をしました。メッセージの最後には“子どもにこの本を与えるには、感受性の豊かな与え手が必要です”と書かれています。わたしは感受性は子どもと一緒に生活をしていると、どんどん磨かれていくと思っています。子どもたちと共に生活することで、空想の翼を大きくすることができたら、きっと思ったことを自由に表現できる自分に出会えると思います。そしてそれは保育者として大事なことだと感じています。

Column

絵本とともに

絵本紹介：安井素子

かぜ

イブ・スパング・オルセン〔さく〕／ひだに れいこ〔やく〕、亜紀書房、2016年

絵本から学ぶということが、いまでもあります。この絵本では、マチルデとマーチン姉弟が、すごい風が吹いてきたことから、風がどこから吹いてくるのか、確かめようと動き出し、風が好きな人もいれば、嫌いな人もいることや、花の種や風車には風が大事なこと、そして風には素敵な音楽があること等々に気づいていきます。そして、この姉弟の会話がまた楽しい。子どもたちの想像する力は無限だとあらためてこの本が教えてくれるのです。最後に風が運んできてくれたのは、お母さんのつくるハンバーグの香り。ほっとできるお母さんという存在があることで子どもたちの好奇心はどんどん膨らむのです。わたしも保育者として、子どもたちにとってそういう存在でありたいとずっと思っています。

ドオン！

山下 洋輔〔文〕／長 新太〔絵〕、福音館書店、1995年

いたずらをしてうちから追い出されたオニのこ、ドンと、にんげんのこ、こうちゃん。たいこをたたきながら会話をする。「おまえは なんだよ」ドン！ドン！「にんげんのこだ」ドンドコ　ドン ドン ドン！という具合に。そこへお父さんとお母さん、犬やニワトリ……人間の世界からもオニの世界からもたくさん集まってドンドコ ドンドコ ドカシャバ ドカシャバ。怒っていたはずなのに、みんなのたいこの音がドオン！と合うと笑いが開いた画面いっぱいに広がります。「ハハハ、ヒヒヒ、ゲラゲラ」と笑っているとなんだか楽しくなってきます。４歳のみっくんは、この本を何度も何度も読んで欲しいと持ってきます。絵本を通して楽しかった！という気持ちが共有される瞬間を、やっぱり面白い！と思うようです。

Column 絵本とともに

絵本紹介：安井素子

かぁかぁもうもう

丹治 匠〔さく〕、こぐま社、2016年

からすのうたは「かぁ かぁ かぁ」。うしのうたは「もう もう もう」。からすとうしはお互い負けずに大きな声でうたうのですが、疲れてしまいます。「じゃあきみ、こんなにはやくうたえるかい？」とはやくうたったり、ながくうたったりするのだけれど、最後はたのしくうたってみると、お互いをすごいね！と認めます。最後はかぁかぁ もうもう！と一緒にうたうことが楽しくなるお話。子どもたちに読むときはどんどん声を大きくしていくと、耳をふさぐ子もいます。２歳クラスで読み終わったら、れんくんが楽しそうに「かぁ かぁ かぁ」と言いながら立ち上がったのを見て、りっくんが「もう もう もう」と言い、二人で顔を見合わせてにっこり。かぁかぁもうもうと楽しそうに歩いていきました。それはとても素敵な一瞬でした。

5 感じる・考える・工夫する表現につながる音感受のアイディア

1 心を動かす出会い——音・音楽との感性的な出会いを仕掛ける[5]

保育内容領域「表現」の内容の取扱いには、「豊かな感性は、身近な環境と十分に関わる中で美しいもの、優れたもの、心を動かす出来事などに出会い、そこから得た感動を他の子どもや保育士等と共有し、様々に表現することなどを通して養われるようにすること」とあります。音からひろがる子どもの世界を考えるにあたり、心を動かす出会いとして、「自然の音」「表情豊かな声」「自分の動きが作り出す音」「楽器の音色」「心の中の音」「感性の言葉としての擬音」「音楽」の七つのアイディアを紹介します。

① 自然の音

閑さや　岩にしみ入る　蝉の声　（松尾芭蕉）
雷の　ごろつく中を　行々し　（小林一茶）

＊行々し＝よしきり（鳥）の別名

さらさらと　竹に音あり　夜の雪　（正岡子規）

私たちは古くから、自然の音に心を寄せ、美を感受してきました。そのような音を、保育にも取り入れたいですね。園庭に恵まれていても、気づかなければ意味がありません。園庭に恵まれていなくても、小さな工夫で、自然の音を感じることができるでしょう。風の音、雨の音がそれです。そしてまた、風の通り道にかさかさと細やかな音を放つ笹を植えてみる、ベランダに芝を植えたり植木を置いたりするだけで、虫が集まり、鳥がやってくるでしょう。耳を澄ませば、いのちの息吹が聴こえてくるのではないでしょうか。

②　表情豊かな声

ＳＴＥＰ１で紹介したように、子どもたちは保育者の感情の機微を、その音声から感受しています。そし

て、楽器で音楽表現をする際にも、音声の感情性情報が、その表現方法に手がかりを与えています。嬉しい気持ち、悲しい気持ち、イライラした気持ちを楽器音に置き換えるとき、会話における音声表情にヒントを得ていることが少なくありません。

声の表情だけで歌われる音楽作品もあります。イタリアの作曲家ロッシーニの作品と言われている、『猫の二重唱』[6]です。二匹の猫が、「ミャーオ」「ミャーオ」と鳴くだけなのですが、その中にいろいろな表情が表現されていて、実に愉快です。そうそう、STEP1で、フラミンゴに扮して戦いごっこをしている男児が、「キャオー」という鳴き声だけで、さまざまな感情や意図を表現している事例を紹介しましたね。そうした動物の鳴き声が、楽しい音楽作品になっているのです。ネットでも複数の演奏が紹介されていますので、子どもたちとぜひ聴いてみてください。そして、猫に扮するだけでなく、犬やブタなどさまざまな動物になりきって声の表情で遊んでみても楽しそうです。

③ 自分の動きが作り出す音

大学では、一年生の最初の授業で、「音を立てずに椅子から立ち上がってみましょう」と声をかけます。学生は訝しげに立ち上がりますが、最初はガタガタと音がします。次に二つのグループに分け、一グループに、音を立てずに立ち上がるよう指示します。聴き手と表現者に分かれての、音聴きゲームです。すると、聴いている方は聴き耳を立て、立ち上がる方は動きが慎重になります。生活の中で、自分の作り出す音を改めて聴いてみることは、なかなか新鮮です。お互いに音を聴き合うことで、生活の中に「他者の耳」を持つことができる、すなわち、自分の行為と環境との関係を意識的にとらえることができるようになるのです。

レッジョ・エミリアでの実践に、「金属の声―金属の階段から音の階段へ」というものがあります。[7] 子どもたちは足音のよく響く、用意された金属の階段を歩くことで、重々しい足音と軽い足音の違いを知覚し、歩き方の違いによって生み出される音の性質に気づきながら、その音の組み合わせによる短い作品を作るそうです。子どもたちの作品には、強弱、間、リズムなどの音楽的要素が表れます。また、さまざまな靴（革靴、ハイヒール、スリッパなど）の素材が作り出す音色も取り入れて、多様な音色の作品が創作されます。こうした音の表現は、空間に響く音の印象を描く、あるいは、階段の外観を描いた絵の上に自分たちの音の作品を描き加えていくなど

の視覚的な表現、階段と自分と音との関係を言葉にするといった表現に変容します。保育室に金属の階段を設置することは難しそうですが、園内の階段に仕掛けを加えたり、床に物を置いて音の道をつくったりするなどして楽しむことができるのではないでしょうか。

④ 楽器の音色

楽器の音色は、自然界にはない音です。その、非日常的な響きは、子どもの好奇心・想像力をかきたてます。こうした楽器は、子どもたちの手の届くところに置いておきたいですね。そうすると音に引き寄せられるように子どもが集まって、ともに音を鳴らすようになります。自分が音を出すこと、さまざまな音が聴こえること、友だちと一緒に音を鳴らすこと、そのいずれもが楽しい活動です。しかしながら、ただガチャガチャと音を鳴らすだけでは、豊かな「音感受」とはなりません。保育者の耳で聴いて、楽器の種類や数、保育室での響き方などを考慮することが大切です。木琴や鉄琴、ミュージックベルやトーンチャイムといった音階を持つ楽器に関しては、ペンタトニック（5音音階）を構成する音を用意しておくとよいでしょう。なぜなら、それらは協和する音程関係にあるので、重ねて鳴らしても美しく響き、また、連続して鳴らすだけでメロディーに聞こえるという特徴があるからです。ペンタトニックの木琴を置いていた保育園で伺った話ですが、二階から職員室に聞こえてきたその音に、「誰か大人が演奏している」と思って保育室まで見に行ったところ、子どもが自由に鳴らしていた音だったとのことでした。

また、民族楽器も含めたさまざまな楽器の音色に触れることは、手づくり楽器の製作においても、子どもの発想を豊かにします。保育者は、それらの楽器の発音構造から、手づくり楽器の素材を用意する際のヒントを得ることができるでしょう。子どもは、自身の製作している音を確かめながら、憧れの楽器の音に近づくように工夫を重ねます。感じる・考える・工夫するといった、主体的な表現のプロセスですね。

⑤ 心の中の音

岡山の後楽園の近くに住んでいたことがあります。夏の夜明け前に、なんだか多勢の人が後楽園に集まるようなざわめきが聞こえました。いったい何事かと思っていたところ、朝のニュースで、「ハスの花の開く音を聴く集い」であることがわかりました。アナウンサーによれば、本当に音が聴こえるのか、どんな音が鳴るのかを確かめるために、ハスの花にマイクを仕掛けてみたそうですが、「私には何も聴こえませんでした」とのこと。花が開くときに音がするのかどうか、それは実際に確かめていないのでなんとも言えませんが、ハスの花を見つめる静寂の中、音や動きのすべてが止まっているような空間でハスの花だけがぽっと開く。その瞬間に聴こえるハスの花の開く音とは、感性の音にほかなりません。

⑥ 感性の言葉としての擬音

感性の言葉としての擬音については、これまでも述べてきました。言葉のプロによって紡がれた擬音を味わったり、それらが音楽に表現されている作品を歌ったりする経験は、子どもの擬音表現に深みを増していくことでしょう。

また、擬音には、形が見えてきたり動きが見えてきたりするものもあります。その状態を表現している擬音なのですから、当然ですね。例えば、「ギザギザ」と「くるっくるっ」。声に出してみると、どちらも形や動きが見えてきませんか？　その形の大きさや角度、動きの速さによって、「ギザギザ」や「くるっくるっ」を声に出す表現も変化しますよね。形を示して、どんな「ギザギザ」や「くるっくるっ」なのかを声に出して楽しんだり、そのパターンを組み合わせて唱えたりしているうちに、きっと、クラスのオリジナルソングが生まれることでしょう。

花の開く音・心の中の音

⑦ 音楽

小学校音楽科では、音楽鑑賞という領域があります。私は、乳幼児期にも「音楽鑑賞」の活動を取り入れてほしいと考えています。風の音や雨の音に繊細に耳を澄ませる子どもは、ヴィヴァルディ作曲の『四季』を聴いて、さまざまな景色を思い浮かべるのではないでしょうか。スメタナ作曲の『モルダウ』を聴いて、川の流れを描きたくなるかもしれませんね。音楽に合わせてダンスをすることも楽しいのですが、じっくりと味わって聴く、音の響きの中に身を置いてみるといった経験をしてみませんか？

岡山の保育園で行った、音楽遊びの事例です。「しっかり音楽に耳を傾けるには？」「音楽を形づくる要素を感じるには？」と考えているとき、「指揮者ごっこ」を思いつきました。音楽に合わせて身体全体で表現すると、身体を動かすことの楽しさに関心が向いてしまいます。そこで指揮者になる。実際には音楽に合わせて指揮をするのだけれど、音楽を動かしている指揮者になってみるという、能動的な鑑賞活動です（五歳）。

まず、テンポや強弱に変化の大きい『カリンカ』（ロシア民謡）を私がピアノで弾きながら、指揮者ごっこをしました。「こんな感じ！」と、少しだけ指揮者らしい表現をして見せたところ、速さの変化、強弱の変化に興味を持ち、それを面白がる子どもたちは、すぐに指揮者になりきり、思い思いにその変化を表現し始めました。録音ではなく、その場で私が演奏しているので、なんの前触れもなく音を止めてみたり、変化を予感させるような弾き方をしてみたりして楽しんだり、あるいは子どもたちが私を動かしているように感じる演出をしたりすることも可能でした。子どもからは、「違う曲でも指揮者をしたい」「もっと難しい音楽をしたい」といった声が上がりましたので、翌月もまた指揮者ごっこをすることになりました。

翌月、子どもたちは、戦いごっこで製作していた紙の細長い棒を、指揮棒として用意していました。色を塗って、「気分はマエストロ」な子どもも複数いました。準備したＣＤは、ブラームス作曲の『ハンガリー舞曲 第５番』。テンポや強弱の変化だけでなく、音楽の方向性やテクスチュア（響きや質感）までも感じているのが、表情や動きから読み取れました。「あ、同じのが出てきた」と、数回現れるメロディーに気づいている表現からも、子どもがしっかりと音楽を感受していることがわかりました。

2 音は科学だ！——音の感受からの探究的活動

お風呂に入っているときの話で恐縮ですが、蛇口からぽたぽたと洗面器に落ちる水音が、なんだか『一年生になったら』（作詞：まど・みちお、作曲：山本直純）の終わりのメロディーに似ているのです。蛇口から落ちる音ですから、高さは同じだと思うのですが、なぜ音程に違いを感じるのでしょうか。

音に耳を澄ませることによって、感性が刺激されます。さらに、気づきがもたらす「なぜ」から、科学的な探究が始まることもあるでしょう。生活の中でこうした水滴の音の違いに気づいた子どもは、知っているメロディーを作りたくて試行錯誤するかもしれません。そこには表現したい、作り出したいという思いがあって、音程を変化させる「なぜ」に対する探究心が生まれる。「なぜ音の高さが異なるのでしょうか」と他者から問いかけられるのではなく、自分の中に、表現したいという強い「思い」「願い」「好奇心」があるから、粘り強く取り組むことができるのでしょう。遊びや生活の中の偶然の出会いの中で何かに気づき、そして何かを作り出したいという強い思いの中で、ひらめきや気づきを繰り返しながら、科学する心も生まれてくるのですね。

音は、小学校から高校までの理科の教科書に取り扱われ、学ぶ意欲や科学的思考を育む授業が展開さ

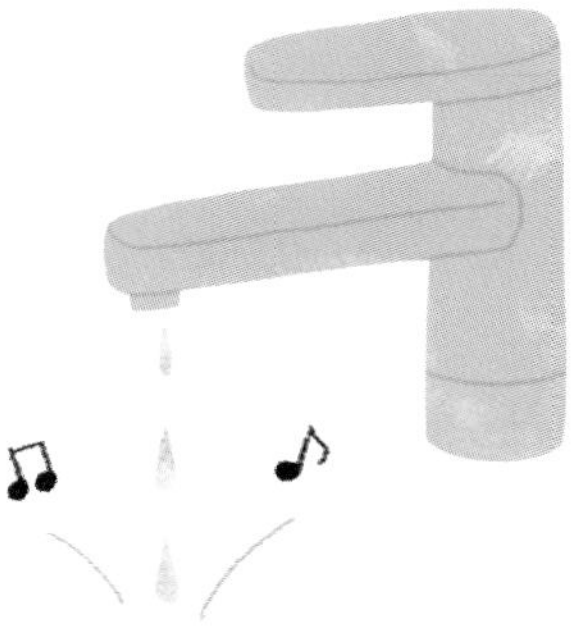

れているようです。音は空気の振動で伝わりますので、まさに物理！なのです。あたりまえに思っている音の世界の不思議に、子どもはどのように気づいていくのでしょう。

もちろん偶然の出会いもありますが、保育者の言葉かけがそのきっかけにもなっています。鳥取県の仁慈保幼園の事例です。広めの保育室にあるグランドピアノの蓋の中を、興味津々な目で覗き込む子どもの写真を見せていただきました。普段は、蓋が閉められカバーが掛けてあるピアノ。鍵盤を押さえると、ドレミファソ……と音が聞こえるピアノ。一体音はどこからやってくるのでしょう。保育者は子どもに、「ピアノの中はどうなっているのかな？」と声をかけ、蓋の中にある、ふだんは見えない世界を描く活動が始まります。さまざまに想像を膨らませて考えるから、蓋を開けたとき、好奇心に眼が輝きます。

実際に音を出してみると、どんな気づきがあるでしょうか。白いフェルトのハンマーが、弦を下から打ち上げて音が鳴っていること。音が鳴るときには、その弦が振動しているということ。長い弦と短い弦、太い弦と細い弦が順に張ってあって、その長さや太さによって音の高さが異なること。ペダルを踏むと、一部の弦が開放されて響き方が変わってくることなどなど、いろいろな気づきがありそうです。他のものを叩いて、自分の気づきを確かめてみようとすることもあるのではないでしょうか。それは、また別の気づきにつながり、新しい表現が生まれていくわけです。この園の子どもたちは、その後、園庭で作っていた色水をピアノの側に持ってきて、色と音を結びつけていたそうです。「この音にはこの色が似合う」とか、「同じ緑色でも濃さが違うと音の感じも違うね！」などとつぶやきながら。

グラスに水を注ぐと、音は高くなるのか、低くなるのか。そうした疑問を投げかけることがきっかけで、楽器づくりの遊びが展開しそうですね。なぜ音の高さが違うのか、という疑問を追求する子どもは、水が増減することで、音の振動を伝えるグラスの面積が変化することに気づくことでしょう。グラスハーモニカの美しい音楽を見つけてくる子どもが現れてくるかもしれません。

音の世界の不思議とその可能性、楽しい実践を考えてみましょう。

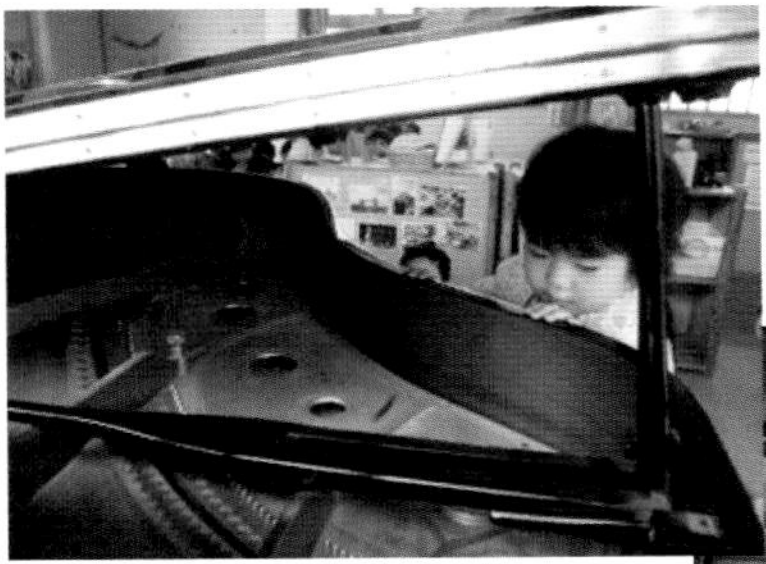

グランドピアノの音はどこからやってくる？
〔仁慈保幼園（鳥取県米子市）〕

〈STEP2・注〉

1 このエピソードの初出は、吉永早苗「『音感受』への意識が育む幼児の『豊かな感性と表現』」全国国公立幼稚園・こども園長会『幼児教育大全(第10巻)』二〇二〇年

2 レイチェル・カーソン著、上遠恵子訳『センス・オブ・ワンダー』新潮社、一九九六年、二三頁

3 厚生労働省編『保育所保育指針解説』フレーベル館、二〇一八年、一六頁

4 文部科学省編『幼稚園教育要領解説』フレーベル館、二〇一八年、二九─三〇頁

5 無藤隆監修、吉永早苗著『子どもの音感受の世界─心の耳を育む音感受教育による保育内容「表現」の探究』萌文書林、二〇一六年、二一一─二一六頁を参照ください。

6 実際には、イギリスのパーサールという作曲家が、デンマークの作曲家、フリードリヒ・ヴァイゼの『猫のカヴァティーナ』という曲を基本にして、自分の作品とロッシーニの作品の一部を加えて制作したと言われています。

7 佐藤学監修、ワタリウム美術館編『驚くべき学びの世界─レッジョ・エミリアの幼児教育』ACCESS、二〇一一年、八八─一〇一頁

〈参考文献〉

・吉永早苗「生活の中の表現への気づきから展開する保育実践研修」『第73回日本保育学会発表論文集』二〇二〇年

STEP 3

学び続ける保育者
――子どもとともに、保護者とともに、保育者同士の学び合い

子どもの姿から、保護者とのかかわりから、そして保育者同士から。学び続ける保育者の皆さまに、本章では、子どもの音楽表現・音楽遊びのヒント、その中に見て取れる子どもの学びの姿の一端をお届けできれば幸いです。

1 全年齢で同じ歌に取り組むことから見えてきたこと

1 子どもについて語り合うことから

園内研修が、豊かに用意される時代になってきました。そうした研修だけでなく、保育者の皆さんにとっては、日々の保育が学びそのものだと思います。子どもの姿からの学び、保護者とのかかわりを通しての学び、そして保育者同士の学び合いです。

保育実習の担当者になって早々に伺った保育園に、園長室の九官鳥に「たまちゃん」と呼ばれ、「たまちゃん　かわいい！」と言わせているチャーミングな園長先生がおられました。そのたまちゃん先生が、「子どもについて語り合っていると時間を忘れるのよ」と、保育士の方々と口を揃えておっしゃっていたことを昨日のことのように思い出します。同僚と意見交換したり、さまざまな研修において、事例検討したり最新の研究情報を得たりしながら、それをまた保育に生かすという学びの循環を繰り返しておられる保育者の皆さまに向けて、ＳＴＥＰ３では、音楽表現・音楽遊びを中心とした保育者の学びについて、ご一緒させていただけたらと思います。

2 年齢に適した歌がある？

『さんぽ』（作詞：中川李枝子、作曲：久石譲）の歌は、子どもも大人も楽しく歌う曲の一つですね。かえで幼稚園の三歳児保育室、帰りの集いで保育者が話しているときに、突如、男児がその歌を歌い始めました。それは、隣の保育室からもれ聞こえてきた音楽に反応したものでした。

この曲は、小学校の音楽の教科書にも載っています。しかも、一年生から六年生までのすべての教科書（新しい学習指導要領に則った令和二年度版：教育出版）に掲載されています。なぜだと思いますか？内容を見ると、それぞれの学年で学

習内容が徐々に増えています。楽器が加わったり、副旋律が加わって合唱するようになったり、合奏のリズムが複雑になったりしているわけです。

幼児期にしばしば歌われる『サッちゃん』(作詞：阪田寛夫、作曲：大中恩)や、『おかあさん』(作詞：田中ナナ、作曲：中田喜直)といった童謡は、大人が聞いても名曲だなあと思うわけですが、私は、小学校や中学・高校の音楽教材としても活用したいなあと考えています。例えば、『サッちゃん』では、「だけどちっちゃいから～」の、「だけど」の前に8分休符があります。その休符によって、サッちゃんに対する愛しさや切ない思いがより伝わってくると感じませんか？　また、『おかあさん』では、伴奏のハーモニーの移り変わりやアーティキュレーション(音楽技法)に込められた作曲者の意図を考える、といった授業を考えることもできるでしょう。保育者養成では、単なる弾き歌いの練習に終始するのではなく、曲に込められた思いや意図について考え、その表情を考えながら表現することが重要です。なぜなら、その経験が保育者を目指す学生の感性の豊かさとなり、子どもと歌う際の表現に反映されるからです。

少し話が逸れてしまいましたが、要するに、「この年齢にはこの曲」というように画一的に考えるのではなく、子どもの状況に応じて、その曲との向き合い方を考えることが大切なのではないでしょうか。

①『おてぶしてぶし』で遊ぶ〇歳〜五歳の事例

『おてぶしてぶし』というわらべうたがあります。両手を合わせ、その中に木の実とかビー玉など小さいものを入れて、歌いながら拍に合わせて手をふりつつ、最後の「いーや！」の部分で、どちらかの手に握り隠し、「どっちだ〜？」と問いかけて遊びます。当てっこ遊びの楽しさに加え、ヘビのなま焼けとか、カエルの刺身とか、不気味な雰囲気もまた、子どもは大好きです。正確な意味については私も知らないのですが、「いっちょうばこ」とは「胃腸箱」ではなく、「一丁箱」＝大切にしている箱、「まるめておくれ」とは、帰っておくれという意味だとも言われています。「いーや」は、嫌だ！と拒否しているのでしょうか。ともあれ、子どもたちはこのわらべうた遊びをすぐに覚えます。階名を見ておわかりのように、2パターンのメロディーの繰り返しで構成

『おてぶしてぶし』

おてぶし　てぶし　てぶしの　なかに
ソラシシ　ラソラ　ソラシシ　ラソラ
へびの　なまやけ　かえるの　さしみ
ラーソソ　ソソソソ　ソラシシ　ラソラ
いっちょうばこ　やるから　まるめて　おくれ
ララソソ　ソソソソ　ソラシシ　ラソラ
いーや！
ラーソ！

されており、そのリズムも言葉を唱えるように刻まれるからです。また、隣り合う音を行ったり来たりするメロディーなので、歌いやすいですね。もちろん、メロディーもリズムも、その地域に伝わる言葉のイントネーションやリズムで歌われるので、例示の階名とは異なる場合もあるでしょう。

さて、皆さんも、手のひらに小さなものを入れて、声に出して歌ってみましょう。そして、このわらべうたで、〇歳から五歳までの子どもたちと遊ぶことを想定してみてください。どのような遊び方、どのような子どもの姿が想像できるでしょうか。

例えば、岡山県の保育園から、次のような報告があります。[1]

0歳	歌い出すと、子どもも楽しそうに体でリズムを感じたり、身振りや仕草をまねしたりしていた。身体に触れ合うことを喜んだり、最後に手に隠しているものを当てっこすると驚いたり喜んだりしていた。
1歳	子どもの好きな玩具を取り入れることで子どもの関心が高まり、曲に合わせて体を揺らしたり、手を振ったりしてまねて遊ぶ姿が見られた。
2歳	リズムをはっきりとれないものの、子ども同士で手を合わせようとしたり、身体を揺らしたり手を握り合ったりする姿が見られた。

3歳	4歳	5歳
動きをつけることによって、歌詞が覚えやすくなったようで、声も大きくなっていった。	円になり、「いちに、いちに」とリズムに合わせて右の人と手を合わせ、パチンと音がすることを楽しんだ。一つ一つの動作を伝えていくと、リズムに合わせてほぼ同じ方向に手を合わせられるようになった。歌詞をしっかり伝えることで、自信を持って歌う姿も見られた。	一つのわらべうたから集団遊びにも広がり、小さな動きから大きな動きへの変化も楽しめた。また、子ども同士の話し合いもあり、自分の思いと相手の思いに気づくことができる遊びとなった。

他にも、子どもを膝に乗せて、保育者の歌に合わせて体が同期するのを楽しみながら遊ぶ（〇～一歳）、鬼役の子どもが目隠しして座り、他の子どもの中の一人が宝物を手に隠し、鬼が宝物に近づくと声を大きく、遠ざかると小さくして歌いながら楽しむといった遊び方（四～五歳）の事例もありました。それぞれの年齢におけるわらべうたの受け止め方や表現のありよう、育ちに合った遊び方や歌い方を保育者がさまざまに工夫して伝えていることなどの様子が見えてきますね。わらべうたに限らず、同じ曲を多様な年齢で楽しむことを通して、子どもの認知や人間関係、言葉、表現の発達など、さまざまな領域からの子ども理

解を深めることができます。またそのことで、その曲が持つ魅力にも気づくことができるでしょう。

② すべての子どもが同じ歌で遊ぶなかでの、保育者の学び

前項の事例は、岡山市内の一七の公私立保育園が取り組む研究のお手伝いをさせていただいたときのものです。どの都道府県でも実施されていると思いますが、私たちも、各園から選出された研究委員の保育士が毎月一回集い、テーマ・研究方法を決め、それを保育園に持ち帰って実践したりアンケート調査を行ったりしながら、事例や調査結果を検討しました。その成果は、各市町村、県全体の発表会をはじめ、地区大会や全国大会に代表園が参加して発表する仕組みになっていますね。

私が担当したブロックでは、「音楽的感性を育む」という大きなテーマに長期間取り組んでいました。研究の途中からお手伝いすることになり、まず、〇歳から五歳までの各クラスで同じ曲に取り組むことを提案させていただきました。一七の園が、「わらべうた」「季節の歌」「遊び歌」の三グループに分かれ、まず一年目は研究計画と方法の議論、二年目に実践、三年目に結果を考察して研究報告という段取りで行いました。研究委員が自園での話し合いや実践を研究会で検討し、それを自園に持ち帰って話し合い、実践にいかしてい

くといった往還的な研究です。

この取り組みは、子どもの音楽的な感性の育ちをテーマに掲げていますが、そのことはすなわち、保育者自身の音楽的な気づき、表現力の育成を目指すものでもありました。さらに、同じ曲に取り組むことから子どもの音楽的発達に気づいたり、それぞれの発達に応じた遊び方を工夫したりすること、園内のあちこちで年齢を越えた保育者の対話が生まれ、学び合いが生まれ、異年齢で遊びを共有する子どもの姿を期待しました。その結果、わらべうたのまとめの考察では、「私たちはこれまで、子どもの発達を意識してわらべうた遊びを行ってきただろうか。今回同じ曲をすべての年齢で取り組んだことによって、子どもの発達を意識して取り組むよいきっかけとなった」「園全体で〇歳児から五歳児まで、同じ曲に取り組んだことにより、朝の遊びや集団遊びの中で、五歳児が一歳児の手をとって遊んだり、年齢を越えて同じ遊びを共有したりする姿などが見られ、異年齢の子ども同士の関わりが深まるきっかけとなった。他の保育士の実践から、表情や言葉掛けの仕方を見聞きして自分の実践にいかしたり、自分では考えつかなかった新たな展開を考えるきっかけとしたりするなど、保育士同士が学びあい、資質向上につながったのではないかと思われる」と報告されています。子どもの発達を意識するとは、いま目の前にいる子どもとしっかり向き合うということなのですね。

2 子どもとの音楽遊びの中で

1 リズム・メロディー・言葉から、発想を広げる

『いっぴきちゅう』というわらべうたがあります。例えば、「ラーソソラ、ソーシシララソソ ラーソソラ」といった節で歌いながら遊びます。さて皆さん、どのような遊び方を思いつきますか？

ネズミのように口を尖らせて歌うだけでも、楽しそうです。声色も変えながら、「ちゅうちゅうちゅう」とネズミになりきって遊ぶ子どもの姿が目に浮かびますね。子どもの手をとって、手のひらにネズミをちょろちょろと登場させて歌うのも、少しくすぐったくて楽しそうです。一匹、二匹、三匹と、ネズミの数が増えたり減ったりすることにも、興味を持つでしょう。参加した講座で私が体験したのは、手をつないで輪になり、言葉の切れ目ごとに、

『いっぴきちゅう』

いっぴきちゅう　もとにかえって　にーひきちゅう
にーひきちゅう　もとにかえって　さんびきちゅう
さんびきちゅう　もとにかえって　いっぴきちゅう
（ちゅう　ちゅう　ちゅう）

四歩中心に向かって中に入り、外に四歩広がることを繰り返し、最後は中心に向かって「ちゅうちゅうちゅう」と言いながら集まっていくという遊びでした。遊びの中で、子どもは、拍の流れにのる、フレーズを感じるといった音楽表現の基礎的な内容を、知らず知らずのうちに身につけることができそうだと思いました。

その後、この『いっぴきちゅう』を使って、保育園での音楽遊びの時間にどんな遊びをしようかと考えながら電車に乗っていたことがありました。何度も頭の中で唱えているうちに、一匹、二匹、三匹と歌うのであれば、「ちゅう」の鳴き声も増やして歌ってみたら面白いのではないかと思いつきました。

「いっぴきちゅう、もとにかえって　にーひきちゅうちゅう、にーひきちゅうちゅう、もとにかえって　さんびきちゅうちゅうちゅう」といった具合です。

このとき、一匹の「ちゅう」は二分音符、二匹の「ちゅうちゅう」は四分音符、三匹の「ちゅうちゅうちゅう」は「タタタン」と八分音符二つと四分音符で唱えます。そして、ページをめくるたびに、一匹、二匹、三匹とネズミの数を増やした絵を用意すると、「ちゅう」の回数とネズミの数が、視覚的にもわかりやすく、数への興味関心にもつながるのではないかと（まったくもって絵が下手な私は、ネズミのイラストをコピーして糊付けしただけのスケッチブックを用意して保育園に出かけました）。

絵を見せながら、『いっぴきちゅう』を歌うだけでも子どもは大喜びです。ネズミの数が増えたり減ったり、そして「ちゅうちゅう」と声にすることが楽しいのです。遊びながら、しばらくして、「ちゅう」の鳴き声を声に出さないで、そのリズムを手拍子することを思いつきました。「ちゅうちゅうちゅう」と声に出して遊んだ後なので、三歳児も、戸惑うことなく手拍子を打つことができました。思わず声も出てしまうのですが、四、五歳になると、声を出さずに手拍子するということを、ゲーム感覚で楽しむ様子が見られました。

2　その歌と向き合うなかで見えてくること

単純で素朴なわらべうたも、その言葉や、メロディー、リズムを繰り返し唱えたり、眺めたりしていると、子どもたちにどのように伝えていくか、どのように遊ぶことができるかと、さまざまに発想を思い巡らすことができるのではないでしょうか。それが、いわゆる教材研究ですね。また、子どもと遊びながら、子どもが表現する様子を見て、その教材の新しい展開を見つけることもできます。わらべうた・遊び歌は、そのほとんどが動きや遊びを伴うものです。子どもの様子を思い浮かべながら、そして一緒に遊びながら、それを口ずさむ子どもたちと共に遊びを工夫してみましょう。そして、振り返ってみると、「タッカタッカ」と弾んだリズムを感じて体を揺らしていたとか、声が大きくなると体の動きも大きくなっていたとか、音が低くなると背をかがめているようだった……といったように、子どもの動きが音楽を形づくる要素と関連していること、子どもが音や音楽を感受して遊んでいることが見えてくるかもしれません。

3 小学校とのつながり――小学校音楽科をのぞいてみよう

　前項で、教材研究、音楽的要素のお話をしました。ちょっと苦手、と思われたかもしれませんね。私は以前、音楽科の幼小中連携教育委員をしていた経験があります。座学よりむしろ、お互いの保育・授業参観を通して、子どもの発達と学びの連携（連続性）を学び合いました。小学校の先生は幼稚園の子どもたちの活動の様子を見て、自分たちが考えていたよりもはるかにさまざまな学習能力や表現力が育っていることに驚き、「明日からの授業を考え直す」とおっしゃっていました。さらに、「幼稚園の先生は、子どものことをよく見ておられて、自分たちには気づかないようなつぶやきや動きにも心を配っている」と。一方幼稚園の先生は小学校の授業を参観して、「私たちには、教材研究という視点が欠けているように思う」とおっしゃっていました。

　その教材研究の視点のヒントですが、ぜひ、小学校の教科書を参考にしてみてください。それは、小学校の授業のような保育を行うということでは決してありません。学びの連続性という視点で教科書を眺めてみると、子どもの日常の遊びの中にある子どものふとした表現、子どもたちと一緒に表現する音楽の中に、小学校音楽科につながるような表現の芽生え部分に気づかれることと思います。

1　どんなうたがあるかな？

こんなタイトルが、小学校一年生の教科書の最初のページにあります。例えば教育出版の教科書のカラフルな見開きのページには、梢でさえずる小鳥、手紙をやりとりしている山羊、泣いている猫をなぐさめている犬、「こっつんこ」している二匹のアリ、笑顔の蝶々、大きな口を開けて歌うカエル、輪になって集まっているメダカ、鯉のぼり、チューリップと、その中を愉快に走り抜けるバスが描かれています。もうおわかりですね！　すべて、保育所や幼稚園、こども園で歌ってきた歌なのです。いかがでしょう、教科書が手元になくても、すべて歌うことができそうですね！

なぜこうした歌が、最初のページにあるのでしょう？　そ

『小学音楽　おんがくのおくりもの1』
（教育出版）

れは、これらの歌が、自分の知っている歌、これまで何度か歌ってきた歌であり、初めて出会ったクラスの同級生もまた、これらを知っているからなのです。教科書を見なくても、歌詞を見なくても、クラスのみんなと、顔を見合わせて歌える歌であるからです。園生活で親しんだ歌を小学校で歌っている子どもの姿、合奏や合唱にアレンジされた『さんぽ』を演奏している子どもの姿が想像されて、なんだか嬉しいですね。

2 音楽教科書にある保育における音楽表現のヒント

前項で、〇歳児から五歳児までが同じ曲に取り組む事例を紹介しましたが、小学校の教科書に掲載されている教材を、幼児期の音楽遊び、表現活動に応用することも可能です。加えて、学習指導要領解説書に記載された内容は、子どもの学びの連続性を見ていくうえで、とても参考になります。ここでは、小学校音楽科の学習内容を少しご紹介します。保育における音楽表現のヒントになれば幸いです。

① 小学校音楽科の目標とのつながり

小学校音楽科の教科の目標は、次の通りです。[2]

表現及び鑑賞の活動を通して、**音楽的な見方・考え方**を働かせ、生活や社会の中の音や音楽と豊かに関わる資質・能力を次のとおり育成することを目指す。

(1) 曲想と音楽の構造などとの関わりについて理解するとともに、表したい音楽表現をするために必要な技能を身に付けるようにする。**【知識及び技能】**

(2) 音楽表現を工夫することや、音楽を味わって聴くことができるようにする。**【思考力、判断力、表現力等】**

(3) 音楽活動の楽しさを体験することを通して、音楽を愛好する心情と音楽に対する感性を育むとともに、音楽に親しむ態度を養い、豊かな情操を培う。**【学びに向かう力、人間性等】**

少し硬い表現になっていますが、(2)、(3)の内容は、乳幼児期の活動のねらいと、基本的には同じです。(2)は、「このような音を出してみたい」「こんな音楽を表現したい」という子どもの主体的な思いから生まれる表現の工夫であったり、音や音楽に耳を澄ませて心を動かしたりすることです。(3)は、音楽を表現したり聴いたりして楽しみながら、「美しいなあ」と感動したり、「もっと表現したい」と思ったり、友だちと表現する喜びを感じたりすることです。そして、乳幼児期の経験で培われた【思考力、判断力、表現力等】や【学びに向かう力、人間性等】は、(1)の【知識及び技能】の学習の基盤となっています。

② 表現及び鑑賞、〔共通事項〕

教科の目標にある、「表現及び鑑賞」の「表現」には、「歌唱」「器楽」「音楽づくり」が含まれます。そして、「歌唱」「器楽」「音楽づくり」「鑑賞」の活動は、それぞれが個々に行われるというより、相互に関連して授業が展開されます。「音楽的な見方・考え方」というのは、『小学校学習指導要領解説 音楽編』では、**「音楽に対する感性**を働かせ、音や音楽を、**音楽を形づくっている要素とその働き**の視点で捉え、自己のイメージ感情、生活や文化などと関連付けること」と説明されています(一〇頁)。そして、「音楽に対する感性」とは、音楽的感受性、音や音楽の美しさを感じ取るときの心の働きと示されていますが、これに関しても乳幼児期から経験を重ねている内容ですね。では、「音楽を形づくっている要素とその働き」とは何のことでしょう。学習指導要領では、このことについて〔共通事項〕という言葉で示し、表現及び鑑賞の指導を通して、次の二つの事項を身に付けることができるように指導するとあります。

ア　音楽を形づくっている要素を聴き取り、それらの働きが生み出すよさや面白さ、美しさを感じ取りながら、聴き取ったことと感じ取ったこととの関わりについて考えること。
イ　音楽を形づくっている要素及びそれらに関わる音符、休符、記号や用語について、音楽における働きと関わらせて理解すること。

「音楽を形づくっている要素」は、具体的には「音楽を特徴付けている要素」と「音楽の仕組み」として、次の内容が挙げられています。

ア　音楽を特徴付けている要素
　音色、リズム、速度、旋律、強弱、音の重なり、和音の響き、音階、調、拍、フレーズなど
イ　音楽の仕組み
　反復、呼びかけとこたえ、変化、音楽の縦と横との関係など

次に、アとイに挙げられている内容が、乳幼児期の子どものどのような音楽遊び・音楽表現に関連しているのかについて、事例を挙げながら説明してみます。

③ 音楽を特徴付けている要素

音色	リズム	速度
生活や遊びの中で、楽器の音色の違いや声色の変化などに気づいていますね。手づくり楽器では、表現したい音色を製作しています。『虫のこえ』を歌い、それぞれの虫の鳴き声に合う音を見つけて表現することもあるでしょう。	リズムを感じて、体を動かしたり歌ったりしています。この体験の中で、いろいろなリズムパターンの表現を習得しています。言葉のリズムを手拍子したりすることもありますね。	手遊び歌を、だんだんテンポアップして遊ぶことがありますね。子どもたちは、その緊張感が大好きです。また、テンポが異なると、雰囲気もずいぶん変わります。例えば、サンサーンス作曲『動物の謝肉祭』の「亀」とオッフェンバック作曲『天国と地獄』を聴いてみてください。実は、同じメロディーです。テンポが違うと、まるで雰囲気が異なりますね。

旋律	強弱	音の重なり	和音の響き	音階
『ゆきのこぼうず』の歌を聞いて、「『いとまき』と一緒だ」と気づき、歌い始める子どもたちがいました。また、遊びの中で、言葉のイントネーションがそのまま旋律になって、即興的な表現をしていることもありますね。あるいは、『ひげじいさん』や『大きな栗の木の下で』といったアクションソングでは、体の動きと音の高さの変化が一致していることに気づくこともあるでしょう。	『コンコンクシャンのうた』でのクレッシェンド、『おおきなたいこ』での音の大小の表現など。また、『めだかのがっこう』の「そっとのぞいてみてごらん」では、情景を思い浮かべて歌うとどんな声になるかな？	いろいろな楽器や身のまわりのものの音を鳴らしたときに、音が重なるとどんな響きに聞こえるかいろいろ試してみましょう。また、例えば、『かたつむり』と『しょうじょう寺の狸ばやし』、『メリーさんの羊』と『ロンドン橋』などは、重ねて歌うだけで合唱になります（パートナーソング）。	トーンチャイムやミュージックベルを複数人で鳴らしてみましょう。このとき、ドミソ（長三和音）のミの音をミ♭に替える（短三和音）だけで響きがまるで変わります。	『ドレミの歌』では、音階の一つずつの音を分担して歌ったり、ミュージックベルで鳴らしたりするなかで、音階の仕組み（概念）に気づくことでしょう。

調	『こぎつね』の曲（長調）の、ミとラの音を半音下げて（♭）弾いてみましょう（短調）。「こぎつねさん、風邪ひいちゃったのかな?」と問いかけて応答的に楽しんだり、替え歌にしたりすると音楽劇っぽい表現遊びになりますね。
拍	『あくしゅでこんにちは』『さんぽ』などを歌いながら歩くことや、わらべうた、手遊び歌を身体表現しながら歌い楽しむことは、拍を感じ、拍の流れに乗っているということです。
フレーズ	『こどもとこどもがけんかして』や『川の岸の水ぐるま』といったわらべうたでは、フレーズの変わり目で動きが変化しますね。息継ぎを意識して歌うことも、言葉のまとまり、フレーズを感じているということです。

④ 音楽の仕組み

反復	『おはながわらった』では、同じ言葉の繰り返しに気づくでしょう。一方グリーグ作曲の『山の魔王の宮殿にて』やラベル作曲の『ボレロ』では、同じメロディーが繰り返されています。強弱やテンポ、表情の違いを感じて、身体表現を楽しみます。
呼びかけとこたえ	『アイアイ』『やまびこさん』は、呼びかけとこたえで構成されています。『おかあさん』『ぞうさん』では、相手を思い浮かべて呼びかけ、それにこたえるような気持ちで歌うと、豊かな表現になりそうです。

音楽の縦と横との関係	変化
サンサーンス作曲『白鳥』の、緩やかに流れるチェロの旋律の背景にあるピアノ伴奏の音の動きは湖面のさざなみのようです。物語（時間的な流れとしての横）に、複数の楽器や身のまわりのものを使って音を重ねる（縦）のような活動もありますね。	『コンコンクシャンのうた』の前奏は、それぞれの動物のイメージが表現されています。ビバルディ作曲『四季』から、例えば「春」の一楽章を聴いて、景色や空模様の変化などを想像するのも楽しそうです。

内容によっては小学校高学年で扱う「音楽を形づくる要素」（和音の響きや音楽の縦と横との関係）もありますので、少し背伸びをするような内容も書いています。しかしながら、乳幼児期に体験している音遊びや音楽表現が、小学校で学ぶ「音楽を形づくる要素」につながっていることがおわかりいただけたのではないでしょうか。なお、「鑑賞」という活動は保育の中では馴染みがないかもしれませんが、乳幼児も音楽を聴いて「面白い」「景色が見えるようだ」「体が思わず動く」「心がキュンとする」といった感動を覚えます。音楽を合図やBGMのように扱うのではなく、「音楽を主体的（能動的）に聴く」活動を、保育にも積極的に取り入れていただきたいと思います。

なお「鑑賞」の対象は、プロの演奏を聴く活動だけではありません。自らの音楽表現を客観的に鑑賞するという行為も含まれており、それは、主体的な表現活動を展開するうえでとても重要なプロセスとなっています。STEP2において、「表現の循環図」（61頁の図2参照）を提示しました。自分の表現に向き合い、何かを感受する。それによって表現の工夫（試行錯誤）が生まれるのです。

⑤ 音楽づくり――音楽の設計図を描く

奈良市の幼稚園に伺ったとき、子どもたちはCDデッキから流れる音楽に合わせて、身のまわりのもので製作した手づくり楽器や台所用品を鳴らして合奏をしていました。そのとき、五人の男児がステージ（園長先生のご自宅にあった箪笥の引き出しを並べたもの）に立ってダンスをしていたのですが、彼らの履いている上履きには仕掛けがありました。ビールの王冠が複数個厚紙に貼り付けられて、上履きの裏に装着されていたのです。

彼らの名前は「タップ隊」。実は、下のイラストのような

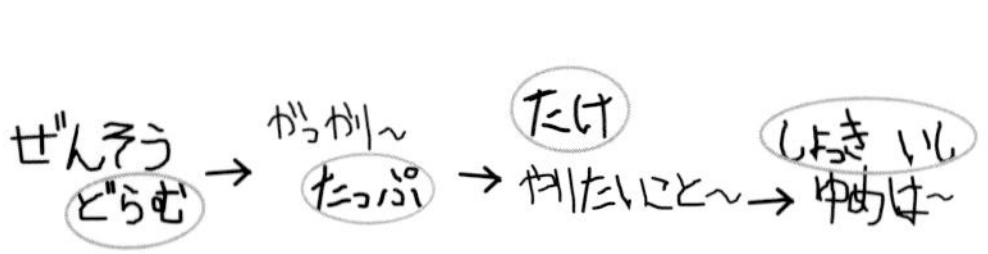

文字楽譜のイメージ

王冠を貼り付けた厚紙。上履き裏に付けて手づくりタップシューズ

「文字楽譜」が用意されていて、「しょっき」「たっぷ」「いし」「どらむ」など、どのグループがどの部分で演奏を担当するのかということが記入されていました。彼らの演奏やこの文字楽譜を見て、それまでのプロセスにおけるさまざまな試行錯誤（繰り返し音楽を聴くこと、その中で音楽の変化に気づくこと、その音楽の流れに合う音色やリズムを考えること、パートごとにうまく音をつなぐことなど）の姿が想像できました。そして、この文字楽譜を作成することにより、子どもたちは、音楽を部分的に感じるだけでなく、その全体像を俯瞰するようになったのではないかと思いました。時間と共に消える音楽の見える化は、音楽構造の理解にほかなりません。

また、前項で挙げたビバルディ作曲の『四季』より、例えば「春」の一楽章を聴いてイメージした情景を絵に描いて表せば、それは「造形楽譜」となります。楽譜とは、五線譜だけではなく、「伝えたい音楽（時間芸術、聴覚的事象）を視覚的に示すもの」と定義すれば、さまざまな形の楽譜が存在するでしょう。表現したい音楽を図形楽譜に表したり、その逆に、思い思いにデザインした図形楽譜、あるいは雪の結晶や虫眼鏡で観察した虫や葉っぱの模様などを、音で表現するような遊びも考えられそうですね。こうした活動が、音を音楽にしていくという、小学校での「音楽づくり」の活動につながっていくのです。

4 保護者（家庭）とともに

1 発表会は誰のため？ その目的は？

二〇年くらい前のことですが、幼児のマーチングバンド練習における騒音量を計測したことがありました。[3] なぜそのようなことをしたのかというと、床に正座して雑巾をバチで叩いてリズム練習をし、あるいは、指導者の号令の下に膝を直角に上げる練習に励む子どもの姿を目の当たりにしたからです。指示通りにできなかった場合に、「ごめんなさい」と謝るその光景は、本当にいたたまれないものでした。園長先生に、なぜそのような練習を強いるのかと尋ねたところ、「これだけの練習に耐えられたのだからという自信、我慢強さが育つ」という回答でした。こうした現状においては、精神論だけでは幼児期のマーチングバンド活動の是非を問うことが難しいと考え、練習時にどれだけの騒音に子どもの耳が晒されているのかを計測してみようと考えたのです。

至近距離における計測の結果、等価騒音レベル＝110dB、単発騒音暴露レベル＝120dB、最大騒音レベル＝115dB、最小騒音レベル＝90dB、ピークレベル＝135dBが記録されました。一般に、100dBが電車のガード下、110dBが自動車のクラクション、120dBは杭打ち、130dBがジェット機の離陸の音量に相当すると言われています。騒音防止のためのガイドラインに示された作業環境の管理基準としての等価騒音レベルは85dBです。これらの数値から、マーチング練習において、子どもたちの耳がどれほどの大音量に晒されているのかが明らかでしょう。

お揃いの可愛らしい衣装を着て懸命に演奏発表する子どもの姿は、健気です。保護者もそれを喜び、また年少の子どもたちもその姿に憧れるということも事実でしょう。一方で、「指導者の号令だけが思い出される」「幼稚園でマーチングバンドを経験したが、楽しかった記憶がない。〝イチイチ、ムネムネ〟といった先生の号令に合わせることが精一杯で、音を聴く精神的なゆとりも体力もなかった」と当時を振り返る学生も少なくありません。また、「音楽発表会や行事の音楽に追われて必死だった。マーチングバンドの指導担当に

なるのが嫌だった。朝、幼児に、〝今日は練習があるの？〟と尋ねられ、『ないよ』と答えたとき、〝やったあ！〟とその表情はとても嬉しそうだった」と保育士時代を振り返る大学院生にも出会いました。

年間の行事や運動会、音楽発表会は、保護者からも期待されていることでしょう。しかしながら、ふだん子どもたちが自由な遊びを思いっきり楽しんでいる園であっても、音楽発表会となると保育者主導型、指示命令型となってしまう園の悩みを伺うことも少なくありません。そして、こうした悩みは発表会だけに限らないようです。実習巡回で訪れた幼稚園は、自然環境に恵まれていました。「伸びやかに遊ぶことができますね」と申し上げたところ、「それが……」と言葉が途切れ、「リトミック、英会話、足し算など、保護者の期待がいろいろとありまして、経営のこともあり、なかなか自然環境が生かしきれていないのです」と。

保護者のニーズに応えることは、大切ですね。しかし、「自分たちが目指している保育ではない」「見栄え重視の発表会はやめたい」「誰のための発表会なのか、何のための発表会なのか」と思い悩み、ご自身の気持ち（保育観）を抑え込むことは相当なストレスであろうと思います。そのために、マーチングバンド活動での騒音測定を行いました。この数値を保護者に示すことで、ご理解をいただいたという報告も聞いています。保育実践と研究が往還的に、協働して保育の質の向上に努めていくことの大切さを思います。

2　みんなが主体の発表会

「音楽を仕込む」というと語弊があるかもしれませんが、演奏の方法や表現を教え込むことによって、見栄えのよい発表会をつくり上げることは可能です。そうした技術を持った指導者の力を借りて発表会を行っている幼稚園の保育者の話によれば、発表会のしばらく前に「今年の演奏曲」として楽譜が届き、その指導者が園を訪問するまでに、一応の音が出せるように子どもを指導するのが保育者の役目だとのこと。曲目選択には保育者の意見は全く反映されていないことも伺いました。子どもの姿を一度も見ていない指導者が決めた曲目を、子どもたちは必死に練習します。その結果として、カタチを整えた発表会を開催することは可能なのです。

こうした発表会に対し、「子ども主体」という視点から、行事や発表会を見直す園が近年増えてきました。明るい話ですね。大きなホールでの音楽発表大会に長年参加してきた保育園の、発表会改革のエピソードをご紹介しましょう。[4]

その園では、まず運動会から改革を始めたそうです。お決まりのプログラムを見直し、子どもが企画し運用する、子ども中心の運動会に変革しました。そのプロセスを保護者に丁寧に報告することで、子どもの育ちの見える化を図ります。そうすることで、子どもが試行錯誤することの大切さ、主体的に行動することの価値に、保護者も気づきます。

その後、見栄えの良い音楽発表会も、一斉指導のものから「音遊びの会」への変容が始まります。その発端は、運動会で披露した地元に伝わる祭太鼓のリズムで、ダンボールを手で叩いて遊んでいる子どもの姿でした。その様子を見た保育者は、バチを用意します。すると、即興的にリズム遊びが発展することに加え、子どもは叩くもの、叩き方によって音が変化することに興味が向くようになりました。探した音を共有したり、絵本に描かれたオノマトペを表現したりするなかで、子どもたちは、生活の中の音を身のまわりの音で表現する遊びにたどり着きました。映像を拝見しましたが、鶏の鳴き声は、お菓子の丸い箱をリズミカルに叩き、そのリズムと音高変化を見事に表現していました。目覚まし時計の音も、子どもによって異なります。つなぎ合わせた紙コップを振る女児は、「グジュグジュペーの音です」と言っていましたが、歯磨きの後に口をすすぐ音が見事に表現されていました。

以前の大々的な発表会と比べると、見た目はいささか冴えない感じになってしまった音遊びの発表会でしたが、子どもは家に帰っても音探しをします。自分の表現を工夫することが楽しいからです。保護者も、子どもの気づき、発見、試行錯誤を共有し、この活動の意義を理解するようになります。

「生活の中の音に意識を向け、その音を注意深く聴く」→「どうすればその音を別のもので表現できるかと考える」→「自分の表現した音を聴いて、もっと適切な音が表現できないかと考える」。この試行錯誤の経験は、将来の音楽表現活動の内容を豊かにしていくことでしょう。なぜなら、自分の表現する音に耳を傾け、どのような音が必要なのかと考え、思いや意図を持って音を音楽にしていく、それが、音楽表現であるからです。

3 伝えるということ

前項で紹介した園も、運動会や音楽発表会を改革するにあたり、保育者同士が学び合いを重ね、子どもの育ちの姿を保護者に伝える努力をしています。乳幼児期の「遊びを中心とした保育・教育」「環境を通して行う保育・教育」が、子どもの感性の育成、学びに向かう力の土台になっているということを保護者の方々に理解していただくことは、とても大切ですね。そして、その伝え方を考えることが、保育の質の向上につながっているのです。自分たちが考えている保育・幼児教育の意義、願いを伝えるためには、コンテンツ（伝える中身）が必要ですから。そのコンテンツとは、遊びに集中する子どもの姿、環境構成、子どもの学びに向かう姿、心の育ちですね。それらを見える化（ドキュメンテーションなど）することは、保育実践の省察です。

これからの時代、子どもたちが将来さまざまな変化に積極的に向き合い、他者と協働して課題を解決していくことや、さまざまな情報を見極め知識の概念的な理解を実現し、情報を再構築するなどして新たな価値につなげていくこと、複雑な状況変化の中で目的を再構築することができるようにする土台づくりが乳幼児の保育に求められています。「幼児期の終わりまでに育ってほしい姿」を手がかりとして、子どもの生き生きとした学びの姿、育ちの姿を保護者に伝えることが、新しい時代の命運を握っていると言っても過言ではないように思います。保育者の仕事とは、社会的価値が大きく、真に尊い内容なのです。

〈STEP3・注〉

1　岡山市公私立保育園第2ブロック「音楽的要素に着目した音楽表現の実践とその分析―実践記録から見た子どもの音楽的感性の育ちと保育士の資質向上」(平成二五年度岡山県保育研究大会討議資料)、二〇一四年、六一―七五頁、「わらべうた遊びを通して子どもの音楽的感性を育む―チェックリストの実践を通して子どもの音楽的感性の育ちと保育士の資質向上を図る」(平成二九年度保育研究報告会資料)、二〇一七年、三―一九頁

2　文部科学省『小学校学習指導要領(平成二九年告示)解説　音楽編』二〇一八年

3　無藤隆監修、吉永早苗著『子どもの音感受の世界―心の耳を育む音感受教育による保育内容「表現」の探究』萌文書林、二〇一六年、一四九―一六七頁に詳しい。

4　『新幼児と保育』二〇二一年四／五月号(「『子ども主体』から『共主体』の保育へ　脱『音楽会』への挑戦」)、小学館参照。

「音」からひろがる子どもの世界――おわりにかえて

幼児期の終わりまでに育ってほしい姿の10番目にある「豊かな感性と表現」には、「心を動かす出来事などに触れ感性を働かせる中で、様々な素材の特徴や表現の仕方などに気付き、感じたことや考えたことを自分で表現したり、友達同士で表現する過程を楽しんだりし、表現する喜びを味わい、意欲をもつようになる」と明記されています。

これまで述べてきましたように、子どもは音を介して環境とつながり、環境と対話しながらファンタジーの世界を旅します。そこで得た音の空想は、お話を聞いたり、絵画を見たり、音楽を聴いたりした際に連想をつなぎ、想像を創造へとつなぐ力となるでしょう。また、「音の不思議」から始まる科学的探究心にも着目したいですね。子どもが想像を膨らませたり、好奇心を抱いていたりしているなあと感じた瞬間に、保育者がどんな言葉を添えていくか。それは難しい問いかもしれませんが、おそらくその答えは、保育者自身が幼児のような好奇心と感性を持って環境と関わっていくことで見えてくるのではないでしょうか。

さらに、音楽だけでなく、音そのものがコミュニケーションツールとなって、人と人をつないでいくこともお伝えしました。自分の作り出すリズムで会話している子どもの姿からは、音楽の根源的なあり方、人と音楽の起源を見る思いがします。

先日の授業で学生を外に連れ出し、自然の音に耳を傾けるワークをしました。学生にはさまざまな気づきがあったようです。「自然にはこんなに音楽が奏でられてるんだなって思って、とても感動しました。鳥の声、風のなびく音、歩いている時の草や石の音、周りの人の声や行動の音が重なって、今日だけの今だけの音楽が奏でられていてとても楽しかったです」と、その一瞬の音との出会いの感動を綴った感想もありました。

音を大切にすることは、その時間、人や環境との出会いを大切にすることにつながるのではないでしょうか。音を重ねて音楽にしていくことで、協同性も培われるでしょう。それは、生活そのものの豊かさにつながりますね。そうした経験から育まれる感性は、「美しさへの目覚め」として、子どものこれからの音楽表現を変容させていくことでしょう。

●著者プロフィール

吉永早苗（よしなが・さなえ）

東京家政学院大学現代生活学部児童学科教授。
博士（子ども学）。岡山大学大学院教育学研究科（音楽教育）、白梅学園大学大学院子ども学研究科修了。ノートルダム清心女子大学人間生活学部児童学科、岡山県立大学保健福祉学部教授を経て、現職。専門分野は、子ども学、音楽表現教育、音感受教育。保育における音環境や音感受の状況を調査研究するとともに、子どもを対象とした音楽表現遊びの実践を通して表現発達の実証的研究や指導法に関する提案を行う。

◆絵本紹介・事例提供
安井素子（やすい・もとこ）　絵本コラムニスト、大学非常勤講師等

◆本文イラスト
まえじま ふみえ

イラストBOOK たのしい保育

「音」からひろがる子どもの世界

令和３年７月20日　第１刷発行

著　者　吉永早苗

発　行　株式会社ぎょうせい

〒136-8575　東京都江東区新木場1-18-11
URL：https://gyosei.jp

フリーコール　0120-953-431
ぎょうせい　お問い合わせ　検索　https://gyosei.jp/inquiry/

〈検印省略〉

印刷　ぎょうせいデジタル株式会社
※乱丁・落丁本はお取り替えいたします。

ISBN978-4-324-10993-9
(3100552-01-004)
〔略号：たのしい保育（音）〕